この1冊ですべてわかる

プランニングの
基本

The Basics of Planning

高橋宣行 ［著］

Takahashi Nobuyuki

JN089107

日本実業出版社

『そうだ、私は「考え方」を学んでこなかった』とKさん

「私はプランナーになりたい」と熱望するKさんとの出会いが、今回の『プランニングの基本』を書き始めるきっかけになりました。

Kさん（41歳、女性経営者）から連絡が入ったのは、2年前でした。

「プランナーになりたい。しかし、私は考え方を学んでこなかった。ついては考え方のイロハを教えていただきたい」と。

その言葉の裏には、

「もっと新たな領域で広く社会との関わりを持ちたい／そして深く関わることで、人に喜んでもらえる、人の幸せをもたらす仕事につなげていきたい／そのためにはビジネスの核心である「プランニング」の基本を知っていないと、自らを磨いていくこともできない／それでは新しいステージに立てないと思う。だからお願い！」

という強い想いがありました。

ビジネスキャリアのあるKさんの熱い想いに押され、〈41歳、ピカピカのプランナー1年生〉を目指すことになりました。月1回、1対1のひとり塾「P塾」のスタートでした。

本書は、その時のカリキュラムとは違う内容ですが、逆にKさんとのキャッチボールから、今どきのプランナーは何を求められているか、本書をどうアプローチして組み立てるか。そのヒントを手に入れました。

「How to think」（いかに考えるか）を知る

当時、Kさんには、こんな話から始めました。

走ることは誰でもできるが、

速く走るには「走り方」がある。

考えることは誰でもできるが、

ビッグ・アイディアを生むには「考え方」がある。

「ただ考えているレベル」では、多様な仕事に対応することも、プロになることも、その世界で頭ひとつ抜け出すこともできません。

どうしてもすべての基盤となる「How to think」（考える基本姿勢）が、必要となります。ここを自分の基礎知力（原理・原則）と技術として持っていない限り、プロとしての第一歩は踏み出せません。そこから、深く考え、深く悩み、数多くの体験を積み重ねていくのです。

「そもそも、何ができてプランニングか」

「そもそも、何ができてプランナーか」

つねにここを意識することで、一発屋でなく、持続的に成長し続けられるマルチプランナーを目指すことができると思っています。

あえて、提案。「そもそも…」は本質をとらえるコツ

私たちは「考える仕事」の中で、言葉をとてもあいまいなまま使っています。**それは言葉の意味を深く考えない、ということでもあります。**

同じオフィスの中ですら、同じ言葉を使いながらイメージはそれぞれ違っています。ビジョンもコンセプトもマーケティングもアイディアもクリエイティブもデザインもテーマも、どの言葉もルーティンワークの中で、あいまいなまま使い、飛び交っています（たまたま上記の言葉はカタカナで、輸入ものということもありますが…）。

ここで、あえて「そもそも…」という言葉を置いてみることを提案します。

「そもそも、アイディアとは」

「そもそも、コンセプトとは」

「そもそも…」をつけることで、その本意は、その心は、その根っこは何か。「そもそも今、どうなりたいのか？」「どこを目指すのか」「何を求められているのか」…その本質を問うことにつながっていくからです。

例えば、「○○のアイディアを考えろ」と言われる

　そもそもアイディアは、創造性と一体となったものです。創造には「人と違うもの、今までにない新しいもの、他でやっていないもの、まったく見たことのないもの」といった意味が込められています。

　その本来の意味を引き出さなければ、考えたことになりません。合わせてアイディアには、新奇性、意外性を求められますから、膨大な情報収集から始まります。手持ちのもので組み立てるわけにはいきません。

　専門領域はもとより、時代・社会・市場・生活者情報に加え、文化や科学を含めてアプローチは拡がっていくのです。

　言葉の本質がわかると、仕事の仕方が変わっていくのです。

　いつの時代にも変わらぬ価値観もあれば、時代や人の動きに合わせて変わっていく価値観もあります。そういう意味でも、この変化の時代に「そもそも、何を求めているのか」を思い起こして「プランニング」に向かうことが大切になります。どんな仕事でも「本質にせまる」ことで解決策は見えてくるからです。

本書は７つの基本からなります

　私は３つの問題意識から「プランニングの基本」を組み立てました。①プランニングは**総合力**であること、②IT、AI、5G、デジタル化社会の中で、**創造性を核とするプランニング力**が求められること、③プランニング能力を高めるには、情報、知識、経験、感性、社会性、人柄などなど**個人力**にかかっていること。

　この３つの問題意識の上で、本書を７章に構成しました。

・第1章　考えなくていい仕事はありません
　変化対応をつねに求められる競争社会では、**仕事とは「考えること」**。この置かれた環境の中で、私たちは何を考え、どう動くのか。まず時代の、社会のバックボーンをしっかり知ることから始まる。

・第2章　プランニングとは

　そもそも仕事とは、考えるとは何か。何ができてプランニングかを確認する。ここからスタートするからブレがない。

・第3章　プランニングの工程

　4つの基本STEP（ワークデザイン）の紹介と、レベルアップ（自分らしさ×差異化）のための6つのコツの提案。

・第4章　プランニングの実践

　課題やテーマに合わせ、9タイプのプランニングシートを提供。考え方の流れであり、必須の要素であり、企画書への叩き台でもある。

・第5章　プランニングの商品化

　プランニングという知恵をどんなカタチにして売り物にするか。自分らしい企画書づくりと、相手へのプレゼンテーションの心得を知る。

・第6章　ひとつ上のプランナー視点

　創造的思考は、個人差が色濃く出る。それは個人の視点やものづくりの姿勢にあり、その気づき（9つのヒント）を手渡す。

・第7章　プランナーの考え方・働き方・生き方

　専門力ではなく総合能力で、複雑な課題を解決するプランナーは、固定した職種とは言えない。ボーダーレスに広告の世界で生きてきた人たちの経験や知恵から、考え方・働き方・生き方のヒントを提供する。

　とくにビジネス書では、書き手と読み手が用語や文章を通して「一緒にわかり合っているか」「イメージが共有できているか」がとても大切です。そのため、図解、CASE、事例を多用し、文章から絵やストーリーや現場感が浮かび、共有・共感できるよう心がけました。

2020年9月

高橋宣行

はじめに

第4章 プランニングの実践

基本型を身につけ、自分らしさへ

第5章　プランニングの商品化
「企画書」と「プレゼン」で知恵がカタチになる

第6章 ひとつ上のプランナー視点
世の中の評価は「姿勢」で決まる

第**7**章　プランナーの考え方・働き方・生き方
プランニングは全人格的作業です

おわりに

装丁／志岐デザイン事務所　秋元真菜美
本文組版／一企画

第**1**章

考えなくていい仕事は
ありません

言ってみれば356日、
プランニングの日

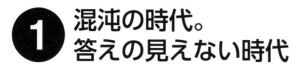

1 混沌の時代。答えの見えない時代

1億総プランナーを目指す時です

□ 失われた30年・平成の時代

2019年5月、マスコミは一斉に新元号「令和」を華々しく伝えました。しかし、ここに至る30年間の「平成」について、一様にこう報じています。

「敗北の平成」「停滞の30年」「答えの見えない30年」。

堺屋太一氏は、「何もしなかった平成の日本」と、長期の視野と思考に欠けた現状を指摘していました。

荒廃から立ち上がり、成長に次ぐ成長を重ねた昭和。平成は一転してバブル崩壊や大震災など閉塞感が強まり、停滞の時代となったのでしょう。

確かに、私から見ても（1960年代から広告業界で、時代を感じながら企業と関わってきた身としても）、いろいろな問題、要因はありますが、ひとえに平成には大きな挑戦がなかったこと、イノベーションがなかったことが、停滞のひとつの原因だと思います。

□ 延長線上に未来はなかった

積み上げ方式の日本が、モノより知恵が力を持つ高度なデジタル時代へと舵を切れず、昭和型の日本流にしばられ、足踏みしています。

アメリカ発のプラットフォーマーの胴元であるGAFA（Google、Apple、Facebook、Amazon）に、根底から価値観をひっくり返されてしまった印象が拭えません。

今、精度を高め、機能をプラスし、微妙な違いをつくるだけで人々は喜ぶのでしょうか。先が怖くて挑戦せず、大胆なイノベーションがなくて、ほどほどの改良・改善で帳尻を合わせるだけでは、生活スタイルを変える力にはなっていません。

イノベーションは新しい生き方、新しい生活スタイルを生み出す哲学

があることが前提。GAFAにはそれがあるのです。

□ つねに新しいサービスや視点が求められている

「誰かこの事態を何とかしてほしい！」と、あらゆる企業から悲痛な声が聞こえてきます。

まず、この閉塞感を確認し、ひとまず「やっかいな時代だなあ」と、ひと息ついた後で、あらためて混迷の時代に挑戦してみませんか。この時代に熱望されているのが、戦略的であり、創造的であるプランナーの出現です。とくに求められるのが、若いビジネスパーソンの創造性です。

自在で柔らかな感性とそれを面白がれる好奇心、そして怖いもの知らずの勇気が必要だからです。時代は止まっていられないし、成長を取り戻さなければならないことは目に見えています。

新しいモノやサービスは、われわれの生活を変えるものであり、変化を創るものであり、世の中を活性化するものです。「創造的なプランニング」への期待はとても大きいのです。

□ 必死に、自らのポジションを求めて

ひとつの例でお話しすると、2019年「東京モーターショー」は一気にモデルチェンジしました。

例年、夢の車のオンパレードだったショーが、今回は「移動にまつわる未来生活の体験」をテーマに開催。来場者は12年ぶりに100万人を超える130万人を記録。モーターショーは、従来型のショーの魅力が薄れ、来場者数はピークの201万人（1991年）から前回の2017年は77万人へと減少していました。

自動車メーカーが産業の主役であり続ける時代は終わり、業種の垣根を超えた連携で、付加価値を高めなければ人々の興味をひかない時代になっているのです。

もはや販売台数を競う従来の競争とは異なるのです。次ページの図1にあるように、自動車業界はモビリティサービス産業として、どのように存在価値を出し、「これから車で何ができるか」という「コト」「サー

ビス」への挑戦を始めています。

　多くの人が車を所有しなくなる、との危機感が、ビジネスモデルの組み換えを促しているわけです。向かうのは「モビリティサービス会社」です。そこは、電気通信、電子、エネルギー、ケミカル、サービス業など、あらゆる業界とのコラボレーションなしには、実現できない世界です。

　ここには、技術、人、モノ、サービス、企業などあらゆるコラボレーションを前提としたプランニングがあり、それぞれの化学反応で、さらなる新市場が生み出されます。

　先は見えないが、走りながらより良い未来へと向かう。人の知らない領域の発見は「考え続けることでしか成立しない世界」だと思います。つまり、**混迷、停滞を打ち消すには、すべて創造性あるプランニングにかかっている**のです。

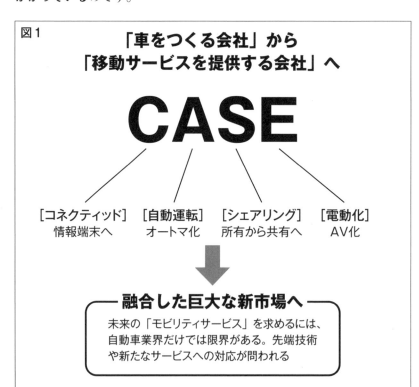

② 企業活動の本質は「創造」です

仕事は与えられるものでなく、創り出すもの

私のいた広告会社はメーカーではありません。当然、商品はない。

売り物は、ひたすらクライアント（依頼主）の課題解決案です。マーケティング＆コミュニケーションの技術と知恵で、「考え、つくり、動かす」プランニングが仕事でした。

依頼主の悩みは千差万別。しかも世の中が動いているのですから、思考を止めるわけにはいきません。依頼主の課題を社会ニーズに合わせて解決することで、両者の満足を手にしてきました。

これが長年の仕事で、幸いなことに早くから社会をまたぐことを体験し、課題解決が仕事と言えるようになりました。「仕事はつくり出すものである」と、何十年も前から言われ続けた職場でした。

□ ビジネスとは創造的活動のこと

そうした仕事柄、ピーター・ドラッカー氏の言葉にはいつも共感させられたものです。

「つねに新しいものを創造し、つねに変わっていくことこそ企業活動である」「生きようと思ったら、変わらなければならない。生きているものはつねに変化している」「朝と夕の自分は違う。生きることと変わることは同義だ」

と、ドラッカーは語っています。

そのために、需要をどのように創り出すか、顧客をどのように創り出すか。「顧客」と「創造性」が事業の骨子です。顧客がなくては企業は成り立ちません。この顧客（相手、対象）が見えるから、次々に発想が拡がっていくのです。

人々が喜んでくれるものを新しく生み出すこと。人を喜ばせることを実現して稼ぐこと。その結果、新しいもの、新しいサービスが創出され、

成長を牽引していくのです。

□ 創造とは「新しい生き方」の提案

　ニーズはモノからコトへ、生き方や暮らし方へ、と移っています。

　ものを買うのではなく意味を買うのです。今、車が「所有から共有へ」、そして「移動サービスへ」と動いているように。コンビニも便利な「お店」であるというより、「暮らしのインフラ」「社会のインフラ」としての存在価値を高めています。

　モノもサービスも、あらためて存在する意味を問われ、何のためにここにいるのか、**新しい存在価値を見つけることが発想の軸**になっています。

　現代のようなモノ余りの時代に、効率や合理性、論理で精度・性能を高めたとしても、最高の価値を見出したことにはなりません。平均値はいくら足しても平均値で、卓越したものは生まれてこないからです。

　「どこかで見たようなものばかり」で、後追いの結果、競争し合い、お互いに疲弊してばかりです。第2章で創造性について詳しく話していきますが（35ページ）、求められているのは、顧客を洞察し、新しい方向性を発見する、イノベーションの担い手としての「創造性あるプランナー」の出現です。

□「選ばれる」タクシーに

　「今や進化させることでしか生き延びられない」と、日本交通の川鍋一朗会長は言います。

　日本のタクシー業界には、数多くの課題があり、悩みは大きい。働き方、社員の高齢化、流しの合理化、安全安心、環境、サービス力…などなど、長年対応し続けているテーマです。これらは、個々の問題解決をしただけでは、本質的な企業体質・業界体質の改善にはなりません。

　そこに必要なのは、改善ではなく改革。あらためてタクシー業界を俯瞰し、発想の転換をはかったのです。

　コンセプトは「拾う時代から選ばれる時代へ」。ビジネスのあり方、働き方・生き方を含め、タクシー業界の存在価値の大転換を進めている

のです。

　スマホのGPS機能を使い、配車アプリシステムを開発し、業界全体に変化を起こそう…と。

　「選ばれる」ために、介護サポートタクシー、キッズタクシー、観光タクシー、陣痛タクシー、ちょい乗りタクシーなど、運送業ではなくサービス業だという意識改革です。何より喜ばれることで、誇りの持てる業態になっていきます。

　「選ばれる」という顧客発想を高めることで、新しい需要を創造し、存在価値を高めていく、「創造的プランニング」の成果です。

　これからのビジネスは、過剰なデータや情報の中で、混乱した状態を整理する時代であり、新しい価値を発見する時代です。そして創り出すのです。日本交通の例で言えば、「選ばれるタクシー会社」がコンセプトであり、プランニングの核。そこには図2の、**ものごとの本質をつかむ「ひとつ」の力**が不可欠です。

　カギは、創造性の発揮しかありません。これについては、第2章でお話ししましょう。

図2

混乱した状況を「ひとつ」にする創造力

- バラバラを「ひとつ」にまとめる力がほしい
- この状況の中で「ひとつ」の道筋をつける力がほしい
- 「ひとつ」の方向に光を当て、全体を動かす力がほしい
- パッと視覚化し、「ひとつ」の絵を描ける力がほしい
- 「ひとつ」の言葉で、周りをひとつにする力がほしい

「課題解決」は 創造性でしか得られない

新たなアプローチを示すことが有効

□『問題解決』から、「課題創造」という視点

　今、100％健康体の企業などありません。大なり小なり、何かしらの悩みや問題はあります。だからプランニングの仕事の大半が課題解決だ、と言われるのです。

　「考えろ」と言われた時、大部分がこの悩み解決についてです。そして、この「考えろ」には、以下のようにAとBの視点があります（図3）。

A　問題解決

…「現実に見えている」問題点を、1点1点突破するプランニングです。これもけっして容易ではありませんが、すでに問題の形が見えているので、それに対応した解決策は出しやすいのです。

　しかし、例えば、「モノが売れない」という事実に、じゃあ商品力アップだ、容器のリニューアルだ、味の変更だ、値下げだ、広告を変えよう、という解決策では、すぐにライバルと同じ競争が始まり、また同じ悩みが出てきます。本質的な解決にはなりません。

B　課題創造

…企業がまだ気づいていない「そもそも、なぜ問題なのか」の根っこを発見すること。あるいは、俯瞰してもう少し視点を変えて新しい課題（本質・新しい価値）を創造し、複数の問題を包み込んでしまう方法です。創造性を発揮することで、解決に導きます。

　現代の課題は複雑にからみ合い、1点1点に対応するだけでは解決しません。社会や生活者の関心事、とりまく環境の変化を探るなど、様々なアプローチから新しい概念や構想を生み出す包括的思考が求められます。ようするに全体から見ることで、新しいテーマ発見につながるのです。

図3

「考える」２つの視点

Ⓐ	**問題解決**	今の問題点は何か。悩みの上位を取り出し、順位づけし、正面から向き合う。問題点が見え解決策は出しやすい。しかし、個々の悩み対応にとらわれていては、問題の本質を見失う。ほつれた糸は、見つけにくい
Ⓑ	**課題創造**	悩みは複雑にからみ合う。１点を見てはダメ。全体を引いて見る。社会や生活の関心事や企業を取り巻く環境など、様々なアプローチから探り出す。企業がまだ気づいてない問題の根っこを発見する（事実の裏側の真実を見つける）。将来へのストーリーづくりに不可欠

□ 課題を創造する…無印良品の場合

　私の身近なところに、スーパーマーケットの西友がありました。その日用品コーナーの片隅に置かれた雑貨は、誰の目にも留まらない、ごくごく普通の品揃えのコーナーでした。

　「売れない、どうする？」。西友の悩みです。

　問題解決という視点では、ますますお荷物になっていくばかりだったと思います。ひょっとすると、問題の根っこは人々の関心が薄いことかもしれません。だから価値が見えません。個々の悩み解決ではなく、大きく俯瞰し、世の中の関心事を発見するか、課題を創り出すことです。

　そこでチャラチャラした、時代の装飾過多の風潮にアンチテーゼを投げかける「シンプル・イズ・ビューティフル」の提案です。

　著名なアートディレクター田中一光氏らが、徹底したモノづくりの精神を反映させ、ノンブランドのブランド化を実現したのです。

　コンセプト「愛は飾らない。」、そして「わけあって、安い。」と新しい価値観を創造することで、違った光を当てて解決へと進めました。1983年に東京・青山に第１号店を出店して以来、相変わらず私にとってのブランド品と位置づけられ、揺らぐことはありません。

□ あらためて「なぜ問題が起こるのか」

なぜ問題が起こるのか、それは「そもそも、その商品が世の中の関心に合わなくなっている」からです。関心がない…それは存在価値がないということです。とてもシンプルな反応です。

と考えると、解決はそこに潜んでいる世の中の人の関心事を探り出せるか、本質を探り出せるか、ここの発見にかかっていると言えます。

無印良品で言えば、もっとシンプルに、もっとナチュラルに、もっと「素」の世界観を提案しよう。それが自分らしい生き方につながる…という世の中の関心事のわずかな動きを察知したのです。その「素」にすべてを集約させることで本気を見せたプランニングの成功です。

このように課題創造とは、仕事のアプローチを大きく変えることによる、新しい挑戦でもあります。

①より革新的にする、②より個性化する、③より共感性を深める、④よりブランド力を高める、など一段階も二段階も解決レベルを高めていく課題の創造がポイントです。

単なる問題解決のためのその場対応の解決策ではなく、体質改善のスキルとして課題創造という視点は欠かせません。

言ってみれば、プランニングは「人の気づかない領域の発見と提案」なのです。

CHAPTER 1

さらに創造性を刺激する AI時代

IT・AIを土台に、クリエイティブ・ジャンプ！

□ 新しいビジネスパーソンになるチャンス

250年にわたる資本主義経済がガラッと変わり、あらゆる産業や仕事がAIで再定義されていく第4次産業革命に入りました（次ページ図4）。

英文学者の外山滋比古氏（お茶の水女子大学名誉教授）は、「知識万能の社会に予想もしなかった巨人が現れた。人工知能（AI）である。AIは、人間の変革を迫っている。といって、近づく大変動にやられるのではなく、AIをきっかけに新しい人間になる、今がチャンスだ」と言います。

ここを基盤として、これからの自分をどう変えていくか。進化するいい機会です。ITやAIが背中を押してくれるのですから。

「2030年、日本の仕事の52％がロボット化される」と予想されたり、野村総合研究所の発表では「日本の労働人口の49％が人工知能やロボット等で代替可能になる」としています。

代替が難しい職業は、**「抽象的な概念を整理・創出するための知識が必要とされる職業」**と書かれていました。

言わんとするところは、「0→1を実現できる人」「アイディアを生み出せる人」「創造的思考を発揮できる人」であり、クリエイティブクラスを指していると思います。大事なのは、思考力、洞察力、表現力、創造力を持つビジネスパーソンへの期待です。

□ AIは創造するための道具

デジタル技術はあくまでも道具であり、問題は何をつくり出すかです。最近ヒットしているものといえば、高い性能を持つ新機軸のものという

図4

近代経済が始まって250年

第1次産業革命（18世紀半ば〜）
「蒸気機関」—鉄道、製鉄

第2次産業革命（19世紀後半〜）
「石油化学」—自動車、プラスチック、繊維

第3次産業革命（20世紀後半〜）
「コンピュータ」—エレクトロニクス、IT、トランジスタ

第4次産業革命（2010年代〜）
「データ」—AI、ロボット、IoT、5G

より、「その手があったのか」「そこは気づかなかった」と思われる、新しい機能やサービスあるいは新しい価値を提案したものです。

　例えば、シェアリングエコノミー。民泊やブランド品やライドシェア（車の相乗り）のように、IoT（モノのインターネット化）を使いシェアを仲介するビジネスが世界で拡大しています。所有から共有へ、生活者の志向をとらえたから成り立つのです。

　つまりクリエイティビティやアイディアの強い商品やサービスが成功しているのです。

　ここにもっとAIを意識することで、さらなる革新につなげていけると思います。ある意味、ビジネスパーソンにとって、IT、AIの第4次産業革命の大波は、最大のチャンス。IoTを考えてみても、ITが進化するから各企業はそれを使って新商品化に発展させることができるのです。

　腕時計もメガネも、ランニングシューズやシャツもIoT化し、情報端末となり、人間の身体情報を把握し、新しい暮らし方の提案へとつなげていきます。**テクノロジーが人間の創造性を刺激し、さらにプランニン**

グを飛躍させてくれると考えましょう。

　30数年前（1980年代）、私のいた制作部門（アナログの最たる部門）にアップル社のマッキントッシュコンピュータ（Mac）が入ってきました。その時のデザイナーたちの興奮はMaxとなり、相当な刺激を受け、表現技術、表現手法、アウトプット、プレゼンに大きな影響を与えました。

　作業工程の効率化は当然のこととして、デジタル的な表現への傾倒はかなり続きました。しかし、仕事は課題創造・解決です。あくまでもテーマやアイディアあってのMacであり、表現手段としてのMacなのです。

□ 白い紙からのスタートがプランニングの基本

　広告コミュニケーションの究極の目的は、「人と人とのコミュニケーション」であり、「誰に、何を、どう伝えるか」という原点を考えた時、手法が先行する表現方法に反省が生まれました。

　「初めに想いあり、アイディアあり」の、この創造的思考を横に置いてしまったのです。これはすべてのビジネスに言えることです。

　あくまでもデジタル技術は道具。新しいアイディアを生み出すのは人間であり、創造性が核となっているのです。ある時、冗談半分で「すべてのMacに鍵をかけ、白い紙の上にアイディアフラッシュさせる習慣を取り戻そうか」と役員と話したこともありました。

　まず白い紙からのスタートが、プランニングの基本なのです。

⑤ 変化に合わせるか。変化をつくるか

ベストのものは過去ではなく、将来にある

□ 生きるとは、変わること

　私は制作者だった、ということもあり、依頼主の課題を前にして、どうしたらライバルに「やられた」と言わせられるプランニングを世の中に出せるかをつねに意識していました。

　新しい切り口を探すこと、人との違いをつくること、その強い思いを先輩から植えつけられてきたのです。

　「変わらない、変われない…」。それはそこに止まったままで進歩がないということで、力のなさを示していることでした。「動かない悪、変わらない悪」という言葉も飛び交っていました。現代のような大転換期に変わらないで生きられるなら、こんなハッピーなことはないでしょう。

　マネジメントの本の中に、ダーウィンの言葉とされる有名なフレーズがよく出てきます。

　「いつも賢いものが生き残るのではない。変化できるものが生き残るのだ」と。これは今の混沌社会に生きる企業にとって心したい言葉であり、生き残るためには強く変化を意識してほしいのです。当然、この姿勢を強く意識してのプランニングが求められます。

□ リスクのないアイディアはクリエイティブと言わない

　「グレードアップはクリエイティブと言わない」「創造とは類似点の改良ではなく、意味ある違いを創ること」と江崎玲於奈氏が語られたこの言葉が、仕事の中でつねに思い起こされます。

　未来を担う人にとって、これは道理です。あらためて変化を図5にあるように2極に分けてみましたが、この2つの間にはグラデーションがあり、考える人にとって単純にはいかないところでしょう。

　しかし、プランニングを行うプランナーの基本姿勢としては、つねに

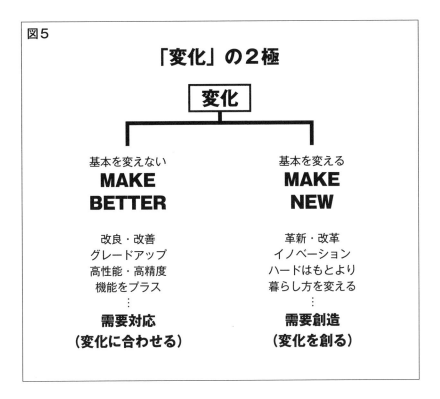

図5

「変化」の2極

変化

基本を変えない
MAKE BETTER

改良・改善
グレードアップ
高性能・高精度
機能をプラス
：
需要対応
（変化に合わせる）

基本を変える
MAKE NEW

革新・改革
イノベーション
ハードはもとより
暮らし方を変える
：
需要創造
（変化を創る）

「MAKE NEW」があります。絶対変えてやる！　という強い想いがあって初めて「NEW」が実現できるのです。

　コンピュータのグレード競争に一線を引き、子供でも指1本で動かせる情報端末としてのスマートフォンを目指したアップルのように、暮らしや文化を変えるイノベーションを目指したNEWへ。

　このイノベーションは、スティーブ・ジョブズ氏のコンピュータに対する固定観念を、徹底して変えたいという熱い想いと創造性なしには実現することはなかったでしょう。立つ位置が違っているのです。

　精度競争や機能付加などの延長線上の戦いには、いつもの悩みしかなく、後追いとの競争で疲労感が残るばかりだからです。

　技術の進歩は、予想ができます。しかし、**「創造すること」**は、思いもよらないこと／見えなかったこと／気づかなかったこと／予期せぬこと／期待を超えること／予想ができないこと、を見つけ出すことです。

だから、プランニングにはつきることのない面白さとダイナミズムが潜んでいるのです。

□ ベストのものは過去にはない

　世の中の関心の多くが、「今、動いていること」に集中しがちですが、プランニングをする人の役割は、「今」ではなく「これからやってくる未来の生活や新たな価値を形で見せること」にあります。

　共感される未来を描き、実現する仕組みをつくり、実践し、世の中に問い、評価を得ていく…。

　競争社会においては、基本的に「違いを創る」ことです。とすれば、調査・分析をし、事例を調べ、トレンドを追っている時点での発想では、他との差違化にはなりません。同じステージの上で戦っているだけです。

　当然、アイディアともプランニングとも言えません。

　前ページ図5に見るように、「MAKE BETTER」の改良でなく革新であり、暮らし方を変える「MAKE NEW」にあえて挑戦する情熱を持ってください。

　さすがプロの気概を感じる話として聞いてください。

● 「今まで書いた本の中で、最も優れているのはどれかと尋ねられたら、私はにっこり笑って『次の本です』と答えることにしている」（ピーター・ドラッカー）

● 「明日、描く絵が一番」（パブロ・ピカソ）

　これは、新しいことを生み出すプランナーの姿勢そのもの。

　あらためて、ベストは将来にあります。つねに「次」が、「その先」が、ベストであると挑戦し続けてほしいものです。

⑥ ビジネスは人間で できている

プランニングは幸せを売る作業

□「人間」を外してプランニングは成立しない

　今、あらためて「人間のための経済」が問われています。世の中が求める中心的な価値は人間。「幸せになること」を経済は目指していたはずです。

　知の巨人と呼ばれる宇沢弘文氏（経済学者）は、早くから経済を以下のようにとらえていました。

　「経済の原点は人間。心ある1人ひとりの生きざまに対応すること。だから現場主義。現場に出てぶつかり、対応すること。人間らしく生きる社会をつくるために経済はある」と。

　競争することで合理性を高めるとしていた「市場原理主義」が、激しい市場格差を生むことで経済が変化してきているというのです。

　あらためて勝ち負けではなく、「世のため人のため地球のために」という人類共通の基盤に立つことを求めているのだと思います。

　私は広告会社の現場人間で経済学については門外漢ですが、ただ、自らの肌感覚として、とても腑に落ちます。

　広告の仕事は、そもそもコミュニケーション業です。手段であるメディアやイベントを通して、ヒトとヒトをいかに優しさでコミュニケーションできるかが勝負です。当然、人間の本質、消費者ニーズ、暮らし方を外しては考えられません。「考え・つくり・動かす」プランニングの世界では、近年は、ますます「人間のための」という思いなしには成立しにくくなりました。

□人間が時代の最先端を走っている

　商品が先でも情報が先でもなく、その前に人間が動くからトレンドが

29

後追いでできてくるのであって、最先端は人間。人間を洞察し、先の兆しを発見できるかどうかが大事なのです。大量に動いている事実だけを観察して、これがトレンドです、と言うのもちょっと後追い。

そもそもビジネス社会においては、まず考える人がいて、つくる人、売る人、買う人、使う人がいます。すべて人間が動かし、この人たちがどんな思いなのかをストーリーに描くと、ビジネスは見えてきます。

商品の都合や、企業の都合でビジネスをつくり出しても長続きしません。よくプランニングする前に考えていたことは、「モノが語っているか」どうかです。これで人を喜ばせたい、人を楽しませたい、人を幸せにしたいと、モノがしゃべりたがっているかどうか。そもそもモノ自体に人にしゃべれる想い（コンセプト）があるのか。

すべて、モノと相手とのコミュニケーションができるかどうかが原点と考えていました。すべてのビジネスはサービス業であり、コミュニケーション業。当然、プランニングは初めに人ありきで、終わりも人の感動ありきなのです。

□ 企業は何をビジネスにしているのか

「技術」ありき、「モノ」ありきで企業主導型で進んできた様々なビジネスも、現在では生活者主導型になり、人の「幸せづくり」を提言していく時代になっています。人間を、社会を外してビジネスは成立しません。

「人を幸せにしたい」ということを突き詰めていくのがビジネスです。成功のパターンや成功の典型などありません。生活者のニーズはいつでも変わり得るものだからです。

しかし、ニーズが揺れ動く中で、人の〝根っこ〟をしっかりつかみ、共感し合える関係を強められることが理想です。

あらためて、企業は「何をビジネスにしているのか」を問い、存在の意味を明確にすることが求められているのです。

図6は、欧米企業のビジョンであり、志であり、企業コンセプトを集めたものです。社会との約束がよく見えてくるもので、けっしてビジネスをうまくやろうというビジョンにはなっていません。

図6

「自分は、何をビジネスにしているのか?」

「われわれは、コーヒーを売るのではない。人々が求める『安らぎの場』を売るのだ」
（スターバックス）

「アップルはコンピュータをビジネスとしていない。私たちのビジネスは、個人に創造性を発揮してもらうことだ」
（アップル）

「顧客に価値を提供するために存在する。そのために現状への安住は許されない」
（ウォルマート）

「1人の顧客と生涯にわたってつき合う」（ノードストローム）

「我々は医療技術のビジネスにいるのではない。人々の命を助けたり、健康を回復させるのがビジネスであり、医療技術はその手段だ」
（メドトロニック）

「自分たちの夢は『走る』喜びを追求することであり、自分たちは『人生を走る人たち』のためにある」
（BMW）

　日本の企業は残念ながら志を表すのがうまくないのか、トップの思いが伝わらないのか、こうした素晴らしい言葉はなかなか見えてきません（日本人らしいテレもあるでしょうが…）。

　どの企業のビジョンも、すべて「あなたのために」であり、「人間優先」という視点に軸足を置いています。この1本のキーワードを核にし、企業活動をとおして企業と生活者の共通認識を育て、信頼関係でつながっていくのです。これらの組織がビジョンに向かい、どの企業もブランド化し、持続的成長を続けていることは、言うまでもありません。

より深く、より長く愛される関係型社会

ビジネスの軸足は「稼ぐ」から「愛され続ける」へ

　環境問題から端を発し、自然や地球全体の「持続的発展」が問われていますが、企業自身の「持続的発展」（持続的に成長し続けられる力）は、経営上、究極の目的と言われています。

　そのため、パーパス（存在意義）、企業価値、企業ブランド力の重要性が指摘されているのです。「あなたがいないと困る」と言わせられる価値観です。つねに相手にとってのベストは何か。誰に、何を、どうしてあげることで喜ばれるか。

　明解なパーパスを軸としたプランニングがあってこそ、企業の持続的発展が可能となるのです。

□ 売れ続けたい。信頼され続けたい

　商品に関して言えば、爆発的ヒットはなかなか望めないし、たとえヒットしたとしても競合はすぐに後を追ってきます。

　この傾向は加速する一方です。こうした状況の中で、インパクトを与え、人の心を揺さぶってでも売りたい、売れてほしい。しかも、良い関係を持続することで愛され続けたい…と、企業の心は揺れ動いています。

　長い間、ビジネス社会では競争を前提とした「刺激型」のマーケティングやコミュニケーションが進められてきました。「売るために、稼ぐために、勝つために…」と。

　今、こうした発想が崩れてきています。「人との違い」を鮮明にした、より長期的な視点の戦略やプランニングが重要視されるようになったのです。

　図7にあるように、「競争」から「関係づくり」へ…これには長期・短期の2つの視点から考えることが欠かせません。これからは持続的な関係があってこそ、刺激型発想も成立することができるのです。相手に

図7

「競争」から「関係づくり」へ

刺激型発想	短期的に競争優位を目的とする	知名度を上げ、モノを売り切るため、パワーを集中させるプロモーション的な発想	インパクト型のコミュニケーション。「マーケットシェア」を高め、勝ちにいく
関係型発想	持続的成長を目的とする	顧客との対話を続けながら、深い信頼関係を築く、先につなげる発想	双方向のマーケティング＆コミュニケーション。「マインドシェア」を高め、いい関係を維持する

深く迫る関係型の発想を、戦略を、もっともっと取り入れていきたいものです。

□「あなたがいないと困る」という関係

　ヒトもモノも企業も、それぞれの関係の中で信頼し合い、持続していこうという、関係型社会へ向かっています。いい関係づくり、深い関係づくりの双方向社会です。どこまで相手を思い続けるか、その関係の基盤となっているのが、想像力だと思います。

　「こうしたい」「こうしてあげたい」「こう動かしたい」…相手から「好き」をつくるには、そこに強い想いが必要なのです。

　よく言われるWin-Winの関係で、パートナーシップが息づいている例に、アメリカの百貨店「ノードストローム」があります。

　ブランドスローガンは「生涯顧客化」。1人の顧客と生涯にわたってつき合う、強い志を打ち出しています。

　そのために顧客に何をすることで喜ばれ、生涯顧客として継続してもらえるか。100％の顧客サービスを約束し、仕組み化することで、ブランドに対する信頼を維持しています。

　「利益はお客様に喜んでいただいた『ご褒美』である」…という姿勢にも、相手を思う気持ちが表れています。

□「持続的発展」へという視点

「Sustainability」（持続可能性）に無関心でいられる企業経営者は，少なくとも表向き皆無に近いと思われますが…。もともと、究極の経営目的は「持続的発展」であり、社会と調和しない事業は長続きしない、という認識が高まってきています。

そこで動いているマーケティングに、「サスティナブル・マーケティング」があります。

「持続的な企業目標達成」と「社会的な課題解決」を両立させることで、持続可能な社会を維持していくアプローチです。

・商品が売れると利益の一部をエイズ対策へ寄付したい
・零細農家の乳製品を直接購入しメーカーとして貢献したい
・立場の弱いコーヒー生産者の銀行ローンを保証してあげたい

など、社会への価値創造を目的とする活動が進んでいます。

相手あってのビジネス社会という発想が、広くグローバルに広がっていく…。より長期的な視点の「関係型」のマーケティングは、さらなる進化をとげていきそうです。

ビジネス社会でのプランニングは、「人の知らない領域の発見」であり、そのためにプランナーは総合力・包括力が求められています。どんな小さなプランニングでも、そこに社会・経済・企業、人間、暮らし、さらに地球環境や世界の動きなど、直接そのプランニングに関わりがなくても知識として感覚として備わっていなければなりません。

第1章の1〜7は、プランニングのバックボーンであり、このビジネス環境の上で考えていくのがプランニングです。あらためて「プランニングとは…」を第2章で。

第**2**章

プランニングとは

そもそも何ができてプランニングか

仕事はプランニングの集合体

分解すると３段階になる

□ つき詰めると、世の中の仕事は３段階

ビジネスパーソンは、「問題解決することでビジネスを活性化すること」が仕事である、と考えましょう。

「もっといい方法はないのか」「もっと人が喜ぶことはないのか」「本当にこれで人は動くのか」を問われ続け、そして何とか答えを出し続けるのが仕事です。

顧客のこと、商品のこと、組織のこと、販売のこと、社内コミュニケーションのこと、人材のことなど、実はテーマは違っても、それぞれが「プランニング」なのです。

ところで、そもそも「あなたの仕事はどんなカタチをしている」のか。ふと立ち止まって考えてみてはいかがですか。あらためて「何ができて、考えたと言えるのか」を思い起こしてみましょう。

その仕事のカタチやフローが見えてくると、もっと考える力を磨くことも、人の仕事のやり方を見ることも、人に教えることだってできるのです。仕事ってどんなカタチか、私のプランニング経験から探ってみた

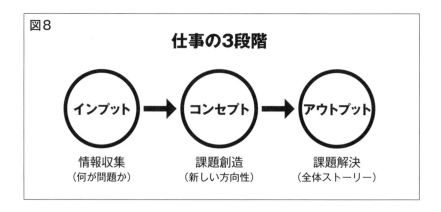

図8

仕事の３段階

インプット → コンセプト → アウトプット

情報収集
（何が問題か）

課題創造
（新しい方向性）

課題解決
（全体ストーリー）

のが、図8の仕事の3段階です。

　仕事を俯瞰してみると、大きく3段階に分かれていると思います。まず基本の骨組みは、「インプット」→「コンセプト」→「アウトプット」、この3段階です。

　これだけでは、ちょっとイメージが湧きにくいかと思います。そこで、私が現場にいた時、この一連の流れに対してつねに意識していた「蝶ネクタイ型」のフローをご紹介します（図9）。

　様々な課題解決をするときに思い浮かべる「プランニング3分割法」で、蝶ネクタイのカタチを憶えておくと、とても便利です。

　Aは〈情報収集〉です。ネクタイの幅の広さは情報量を表します。情報が集まれば集まるほど、全体像が浮き彫りになり、何が問題かを発見するのにブレがなくなります。また、専門外や異質な情報を広く集めることで、次のBのコンセプトワークに影響を与えます。

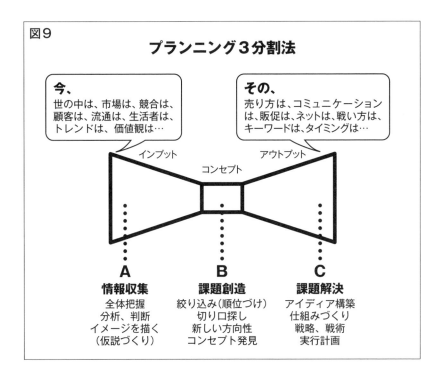

図9 プランニング3分割法

今、
世の中は、市場は、競合は、顧客は、流通は、生活者は、トレンドは、価値観は…

その、
売り方は、コミュニケーションは、販促は、ネットは、戦い方は、キーワードは、タイミングは…

インプット　　コンセプト　　アウトプット

A
情報収集
全体把握
分析、判断
イメージを描く
（仮説づくり）

B
課題創造
絞り込み（順位づけ）
切り口探し
新しい方向性
コンセプト発見

C
課題解決
アイディア構築
仕組みづくり
戦略、戦術
実行計画

Bは、〈課題創造〉です。この形がギュッと絞られてくるのは、情報が集約され、プランニングの中心核を創り込むからです。

　プランニングのすべてを支えるコンセプトの創造です。従来の行き方とは違う方向を発見するのですから、新しい課題を提案し、そこに挑戦することになります。

　Cは、〈課題解決〉です。コンセプトを具現化するために360度のアプローチ展開が求められます。あらゆる角度から攻めて、コンセプトを浮き立たせていきます。蝶ネクタイのCの幅が広くなるのも、戦略、戦術にこだわり、攻め続けるからです。そこまでのこだわりがあって、初めて「いけそう！」「効きそう！」と言えるプランニングになります。

　このカタチは、仕事の3段階を示すと同時に、私なりのプランニングに対する気持ちを表していました。

　全体から中心へ。中心から全体へ。拡げて（情報収集）、絞って（コンセプト）、拡げて（実行計画）、という仕事の流れでもあります。

　制作チームのディレクターの時も、同様に3段階のフレームを頭に入れて考えていました。

　基本は一緒。自分がコピーを書かなくても、リーダーとして違った角度からインプットし、課題について読み込み、ブレないように中心を考

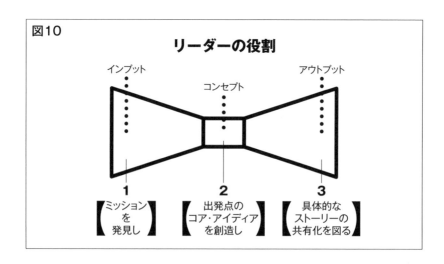

図10

リーダーの役割

インプット　　　　　コンセプト　　　　　アウトプット

1 【ミッションを発見し】　　2 出発点のコア・アイディアを創造し　　3 具体的なストーリーの共有化を図る

え続けていきます。同様に、すべての業務のリーダーもマネジメントとしての役割はこの３分割に当てはまると思うのです（リーダーの仕事の３段階です。図10）。

□ プランニングは「３つの発見」がキーとなる

とくに、この仕事の３段階の中でキーとなるのが、「３つの発見」です（図11）。

「発見する」とは「想像する」こと。独自の感性で切り口を発見し、提案性のある新しいコンセプトを発見し、大きなウズを巻き起こすビッグ・アイディアを発見していく…。こんな仕事の３段階が理想です。

とくに、一見バラバラなデータ、情報、知識を組み合わせて、新しい価値観を生み出すコンセプトの発見は、独創性を求められるところです。

□「スターバックス」を仕事の３段階に当てはめてみる

勝手なことであると承知の上で、仕事の３段階をわかりやすく伝えるために、「スターバックス」を分解してみました（40ページ「CASE 1」）。

とくに欧米の企業は、トップの志が高い、コンセプトが明快、戦略志向が強い、アイデンティティを尊重する。何よりその思いを言葉にし、

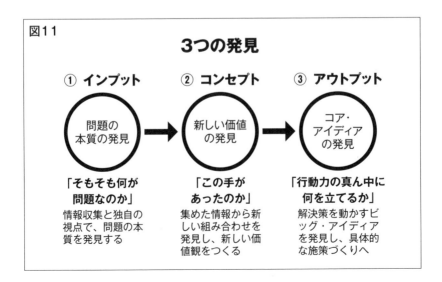

図11

３つの発見

① **インプット** → ② **コンセプト** → ③ **アウトプット**

問題の本質の発見 → 新しい価値の発見 → コア・アイディアの発見

「そもそも何が問題なのか」
情報収集と独自の視点で、問題の本質を発見する

「この手があったのか」
集めた情報から新しい組み合わせを発見し、新しい価値観をつくる

「行動力の真ん中に何を立てるか」
解決策を動かすビッグ・アイディアを発見し、具体的な施策づくりへ

体質化しているところが羨ましいほどです。

　それはひと言で言うと「企業ブランドこそ最大の資産」と考えているからだと思います。

　「CASE1」は、『スターバックス成功物語』（ハワード・シュルツ、ドリー・ジョーンズ・ヤング著、日経BP社）から自分なりの解釈で、3段階に当てはめてみました。

CASE1

1. インプット（問題の本質発見）

ハワード・シュルツ会長は、アメリカ人にとってコーヒーは必需品であるが、とうてい楽しめるものではない。貧しいコーヒー体験しかない。きっかけは、イタリアミラノで体験したエスプレッソコーヒーの味わいと、街中いたるところにあるおしゃれなカフェに衝撃を受けたこと。「なんだ、あのアメリカのコーヒーは…」。そこで
「アメリカ人のコーヒーの飲み方を変えたい！」

2 コンセプト（新しい価値の発見）

コーヒーには、もっと楽しくおいしい世界がある。「コーヒーを売るのではなく、人々の喜ぶ手段としてコーヒーを扱おう」とビジョンを立て、コンセプトを「第三の場」とし、「家庭にも職場にもない、第三の安らぎの場を提供すること」とする。

3 アウトプット（コア・アイディアの発見）

コア・アイディア「安らぐ第三の場」を確立し、これを定着させるために「スターバックス体験を売る」戦略の実践。「高品質なコーヒー、味、香り、品揃え、グッズ、パッケージデザイン、音楽、空間デザイン、備品、ツール、サービス、ファッション…」など、総合的なパワーをもって「安らぎの体験」につなぐ。

② そもそも プランニングとは

求められるのは総合・全体・包括

□ 今どきの「プランニング」とは

「プランニング」については、古くから使われてきたわりには、意外と詳しく語られることがなかったと思われます。

とくにトレンディでも、尖った言葉でも、思想のある言葉でもない。考えることを何となく総称している。ごくごく軽く、そしてあまり思い入れのない感じに受け取られているようです。

「コンセプト」とか、「クリエイティブ」とか言われると一瞬考え込みます。「アイディア」だって、ちょっと身構えたりします。

しかし、第1章で述べたように、現代の混沌としたビジネス社会に対応するには、**創造性を核にした包括的思考の「プランニング」**が、どうしても不可欠なのです。

今どきのプランニングは、「何かアイディアないの？」と軽く口ずさんでいるような場合ではなくなりました。

では、そもそもプランニングには何を求められているのか。ここでプランニングの重さをあらためて感じとってほしいのです。

□ プランニングとはビジネス活動そのもの

もう40数年も前から、私は若手の制作者たちに言い続けてきました。若手が、あまりにも狭い視野の中で、身近な情報や知識、わずかな体験から、もっともらしく成果物（アウトプット・コンテンツ）をつくることを当然としていることに怖くなったからです。

ビジネスは、背中に大変な重みを背負っています。次ページ図12のような言葉を若手の制作者に言い続けました。プランニングとは包括的思考であり、総合力を求められているのだ…と。

プランニングとは包括的思考

プランニングとは、
「**情報**」を集め、「**問題**」を探り出し、「**仮説**」を立て、「**発酵**」させ、それを「**カタチ（表現）**」に定着していく一連の流れを言う。
そして世の中が動き、ざわめき、ムーブメントが起きる。これを成果と言う。

ビジネス社会は、ヒト・モノ・カネを動かしてなんぼの世界です。ようするに、成果を問われ、結果で評価され、次につながることまでが目的です。「プロのプランナーとは、次につながる人のことだ」と、そんな姿勢を手渡してきました。

私はコピーライターという専門職からスタートしましたが、早くから全体からモノを見る体質を植えつけられました。コピーライターという専門力だけでは依頼主の複雑な課題は解決できなかったからです。あれから随分経ちましたが、**プランニングは「社会を巻き込むビジネス活動そのものを考えること」**という考え方は変わりません。

□ 骨太な構想力がほしい

世の中が進化し、広い意味の企業の意思や社会性、人間のニーズ、シーズがより強く求められ、プランニングの立ち位置が違ってきています。

プランニングは、単なる企画、計画、企てではありません。今、もっともプランニングに求められながら、決定的に不足しているのが「全体を俯瞰してまとめ上げる力」です。

これをどう補えるか、強められるか。

経営、ビジネス、マーケティング…それら全体との関わりなしに、プランニングは考えられません。とくに典型的なのは、商品やサービスへのニーズは、企業主導型から生活者主導型へと変化していき、「人間中心」という考え方なしには人に届かなくなったことです。

ようするに、鳥の目と虫の目の複眼的な思考が、どんなプランニングにも求められるのです。これを飲み込み、「考え、創り、動かして、評

判をつくる」包括的で骨太な構想が、プランニングのゴールなのです。

□ プランニング力とは「構想力」

辞書では、[plan] は、

「計画、企画」とあり、これに「ing」がついて、「Planning」は計画を立てること、立案すること、となるわけですが、ここに今のビジネス環境が加わり、性格が変わってきます。

今やビジネスは、全体像を科学的にとらえることが難しくなりました。膨大なビッグデータの、事実の、合理性の、「その先」をどう読めるか、にかかっているからです。

その希望となるのが、創造性を中核とし、包括的な視点から「その先を描く」構想力です。全体から俯瞰してまとめ上げる力なのです。

あらためて定義すると、

> **プランニングとは、創造性を核とし、**
> **包括的思考で「その先」を構想すること**

と言えます。

辞書では、[構想] は、

「思考の骨組みを立て、まとめること。全体の構成や実行していく手順などについて考えをまとめ上げること。独自の構想を示す。」

と、あります。ビジネス・プランニングにおいては、ビジョンやコンセプトから戦術、実行まで、全体設計図を描く力が必要になります。

39ページで述べた仕事の「3つの発見」で書いたように、「1．問題の本質の発見、2．新しい価値の発見、3．解決策のコア・アイディアの発見」を創造性で串刺しにし、全体構想をまとめ上げる…。これが今、求められるプランニングだと思います。

さらにプランニングの立ち位置は、次ページ図13のように「モノゴトの新しい進め方で、より良い変化をもたらすこと」と、役割は一段と広がっています。単なる企業の目的達成だけではなく、社会や人間との共感なしにビジネスは成り立たないからです。

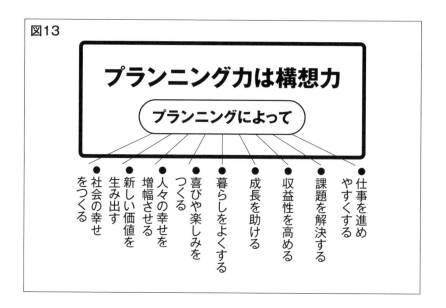

図13

プランニング力は構想力

プランニングによって

- 社会の幸せをつくる
- 新しい価値を生み出す
- 人々の幸せを増幅させる
- 喜びや楽しみをつくる
- 暮らしをよくする
- 成長を助ける
- 収益性を高める
- 課題を解決する
- 仕事を進めやすくする

□ プランナーは庭師だ

　私はプランナーをたとえてこう話します。それは1軒1軒、違うニーズと時代性と自らのプロとしての提案性に誇りを持っている「庭師」です（図14）。プランナーと庭師との取り組み方、姿勢をちょっと重ね合わせてみてください。どちらも包括的な思考がベースになっています。

図14

── プランナーとは「庭師」だ ──

庭は2つとして同じ庭はない。1つ1つ違う表現をし、オリジナル性を世に問う。
1本1本の樹木の提供ではなく、庭を核としたオーナーの暮らし方の表現の場とする。相手の希望に合った上で、期待を大きく超える構想の提案である。
庭師としての総合的な知識、情報、体験を通して、「こうしてあげたい」という思いを描く。
ニーズを押さえた上で、周辺の環境、風水、四季を読み、隣人との関係、建物との一体化、導線、樹木、花、自然との対話、メンテナンス、持続性などを計算し、その上に自らの創造性を発揮し、相手の期待を超えるところにゴールがある。

プランニングは生き物

モノゴトの関心は、つねに動き続けている

□ プランニングのポジションが変わった

NEWが、すぐOLDになる時代です。新しさはすぐ次の新しさにとって代わられます。

極端に言うと、昨日のことが今日、古くなっていく…。このスピードに、プランナーはどう対応していけばよいのでしょうか。ちょっと過去を振り返りながら、今、そしてこれからの自らのポジショニングを探してほしいものです。

「モノ不足の時代」…競争もなく、モノの特徴やメリットを語り、企業の都合に合わせてビジネスをすればよかった時代です。

「モノ充実の時代」…競争でひたすらナンバーワンを目指してきた時代。まだ高品質を求め続けることを目標にしていました。

「モノ余りの時代」…ITの進化とともに社会が成熟し、価値観の多様化が進み、それに合わせた価値の提供が必須の時代。差別化、個性化が存在感となる。そして第4次産業革命の時代へと変化し続けています。

現代は「市場や生活者の都合に合わせたビジネス」でなければ、受け入れられなくなりました。本当の顧客本位のビジネス社会の到来です。人々の関心事は、つねに揺れ動き、この関心事に合わないモノやコトは、すべて存在していないもの、と判断されてしまいます。

この状況の中で、「プランニング」の存在価値は一気に高まり、すべての仕事に「創造性」が求められるようになっています。

会社の中の仕事を、クリエイティブな仕事かどうかで分けるのではなく、すべての問題解決に、課題創造に、「創造性」が欠かせないものとなりました。

□ プランニングとは「変化を創ること」

「変化に合わせるか、変化を創るか」

変化に合わせるのは楽だし、リスクもない。しかし、それでは人の後追いだし、みんなと一緒では競争も激しいし、疲労感が残るだけです。今のビジネスは「生きるとは、変わること」というように、新たなことに必死に挑戦し続けているのです。

何としてでも頭1つ、2つ抜け出したい。いや、どうせなら人が寄ってこない、寄ってこられないほどの独自の場所を見つけたい…と切望しています。

単に企画し、問題解決するのではなく、新たな「変化を創る」ポジティブシンキングを目指すことが求められているのです。

未来に向けた課題を創り（課題創造）、目先の悩みを巻き込みながら、新しい変化を生み出すのです。

例えば、初めて花王が男性向けヘアケア商品「サクセス」を登場させた時も、成熟した競争の激しい整髪市場でした。すっきり爽やかな使用感と香りの差別化競争でしたが、この中には入らず、「変化を創る」方向を選んだのです。炭酸ガス（入浴剤バブの機能）で血行を促し、頭皮を活性化する機能性を立てて攻めます。

私もコミュニケーション戦略では、毛髪を気にする男性への「マッサージ効果」を新しい価値観（コンセプト）と設定。これからは「マッサージ効果のあるものを整髪料という」、そんなメッセージを掲げ、新しい土俵に移動させる戦略をとったのです。これが今ある男性化粧品「サクセス」のスタートでした。

変化を創り出すためには、「プランニングとは、構想すること」という強い姿勢を持つこと。

そして、①包括的（全体的）に考え、②創造的に新しさを求め、③革新的にインパクトあるカタチにし、④戦略的に動かしていく、ことだと考えます。このような「全体構想」を動かすことこそ、「創造的プランニング」に課せられた仕事だと思うのです。

プランニングの原動力は、
2つの「そうぞう力」

夢見る「想像力」と、形にする「創造力」

□ 独創性でしか「壁」は乗り越えられない

ビジネスする上で、相手を喜ばせるには、

①相手の悩みを解決すること（悩みに対してジャストミートする）

②相手の予期せぬ答えを提案すること（そんな手があったのかと感動）

この２つがあり、それにはどうしても独創性が不可欠です。２つとも、それぞれに壁があり、その壁をどう乗り越えるかが大事です。壁を超えるためには、２つの「そうぞう力」で壁を破壊し、新しい価値を生み出さなければいけません。

データや統計、論理から導いた効率、便利、合理性で、人との違いは生まれません（人の後追いはできたとしても）。

「この手は新しい！」「思いもよらない！」「そそられる！」「あってよかった！」と言わせられるのは、独創性のみです。

仕事の３段階「1.インプット、2.コンセプト、3.アウトプット」の質を高める力も、２つの「そうぞう力」なのです。では、あらためてこれらの「そうぞう力」についてお話ししましょう。

□ オリジナルの夢を見るから、オリジナルなカタチが創れる

辞書からの抜粋によると、

［想像］とは、現実には知覚に現れていない物事に関して、心的概念を浮かべること。

［創造］とは、それまでになかったものを初めて創り出すこと。

と書かれています。

それをビジネスの現場が求める「力」に置き換え、私は次のように考えています。

「想像力」は、夢を見る力。

　未知の、異質の情報を組み合わせ、新しい世界や夢やロマンあるストーリーを描く力です。目先の習慣やルールにとらわれることなく、まったく新しいイメージを形成すること。それは頭の中に絵を描くことでもあります。

「創造力」は、夢をカタチにする力。

　今までにない新しい価値あるものを創り出す力。問題解決に対して、習慣化した考え方やイメージに挑戦し、頭の中のイメージを具体的な言葉や絵や形に定着させること。つねに人と違うものを創る姿勢と行動力が伴います（図15）。

図15

（夢をカタチにする力）　**創造力**　より、まず　**想像力**　（夢を見る力）

閃きやイメージを現実のカタチに定着させる。個性、独創を

抽象的なイメージの世界を描く。夢やロマンや志やビジョンやコンセプト

　このように私たちの仕事は、まず「夢を見る」ことから始まります。そこで見る夢の大きさ、深さ、熱さが、そのまま創造の大きさにつながるのです。まず「こうしたい。こうなりたい」という熱い想いやこだわりなしに、オリジナル（自分らしさ）なんて生まれるわけはないのですから。

　イメージをリアルに…感動の伴うアウトプット（リアル）は、オリジナルな想像力（イメージ）があって初めて生まれます。また、自分の見る夢だから、思いも熱く、こだわりも強く、高い説得力を持つのです。

□ 求められる力は「想像力」と「創造力」のワンセット

　ビジネス社会では、つねに人と違うことを考え、人と違うものを創る

ことで評価されます。究極のマーケティングは「違いを創ること」とドラッカー氏は言います。

差異化・個性化の時代は、情報や知識ではなく「考え・創る」知恵が求められているからです。

とくに「想像力」。複雑に情報が錯綜する企業の悩みに対して、その問題の核心をつかむのも、新しい想いを描くのもイマジネーションの力です。何が問題か、どこが根っこか、それを解決することにより、相手はどう反応し、どう行動し、どんな暮らしぶりになるのか。

想像力は、そんな先を読む力でもあるのです。ITを動かす原動力であり、付加価値づくりの源泉でもあり、人を思いやる資質でもあります。

　私たちが日頃ビジネスで口にしている、
　・新しい世界を描く<u>イメージ</u>も
　・ユニークな価値観づくりの<u>コンセプト</u>も
　・企業のあるべき姿を描く<u>ビジョン</u>も
　・個々人の夢や<u>ロマン</u>も
　・独創を生む<u>アイディア</u>も
　・変化を<u>予測</u>するのも、<u>仮説</u>を立てるのも
　・戦略を<u>ストーリー化</u>するのも
　・世の中の人々の気持ちを<u>洞察</u>するのも
　・課題解決のために<u>全体を読む</u>のも
　そして、
　・相手に対する<u>思いやり</u>も
すべてイマジネーションの世界です。データや論理のその先を読む、想像力を発揮することで成り立っています。

キヤノンの御手洗冨士夫会長兼社長は、日本経済新聞でこう語っていました。

「ビジネスにとって2つのそうぞう力が必要だ。それは想像と創造です。とくに大切なのは想像力。将来の変化を想像して予測し、そこで自社の得意分野を創造する。そこに向かって力を結集し、次に創造力によ

って独自の新しいものを見出していくのです」

□ 創造力は「独創」を生む力

　優れた「想像」から、優れた「創造」が生まれます。なぜなら、そこに新しい発見があるからです。素晴らしい創造の種があるからです。それを実現させ、リアルな形にしていくのが創造力です。

　48ページにも書きましたが、「創造力」とは本質的に新しいもの、まだ知られていないようなアイディア、他にないもの、を生み出す力であり、新しいイメージを具体的な形に定着する力です。

　どんなに素晴らしい思想やコンセプトがあっても、人が感動し、評価するのは、言葉であったり、絵であったり、アウトプットにかかっているのです。

　その個性が世の中に通じるのか、競争力を持つのか、差別化できるのか、厳しい判断が待っています。これから自分がビジネスを楽しみ、面白がれるのも、創って成果を上げ、自らの存在感を示すのも、カタチを見せる創造力なしでは無理かもしれません。

　次の「CASE 2」は、想像と創造の関わりを描いたものです。

　「金沢に、こんな美術館を…（想像）」「その実現にこんな形の、こんな中身の…（創造）」と、2つの「そうぞう力」で独創的な街のランドマークが生まれたのでしょう。

　「今、何がしたいのか」

　「何を創りたいのか」

　「どうなりたいのか」

　最近のビジネスパーソンの夢は小さい、薄いと言われています。その声にぜひ反発してください。古い習慣や前例や、ルール、既成概念など負の要素が、「そうぞう力」の足を引っ張っているのかもしれません。

　「さあ、プランニングだ」と向き合ったら、ポジティブに。考える枠組みを狭めるネガティブ要素を意図的に破壊するのです。

　もともと創造にはリスクがつきものなのですから、徹底してブレイクスルーする熱い想いを忘れずにいてください。

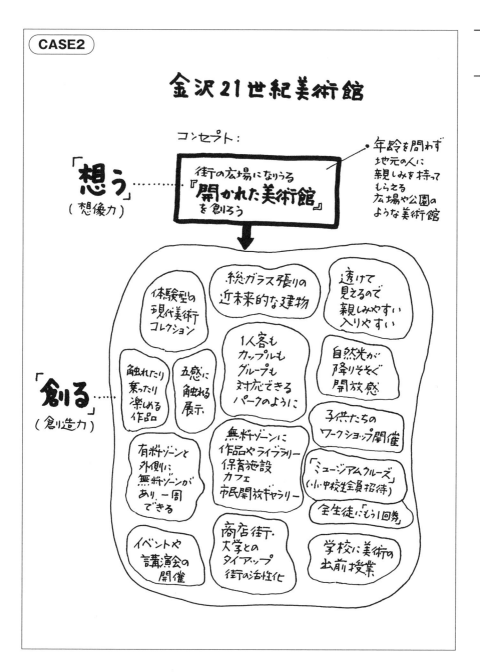

CASE2

金沢21世紀美術館

コンセプト：

「**想う**」
（想像力）

街の広場になりうる
『**開かれた美術館**』
を創ろう

年齢を問わず
地元の人に
親しみを持って
もらえる
広場や公園の
ような美術館

「**創る**」
（創造力）

体験型の
現代美術
コレクション

総ガラス張りの
近未来的な建物

透けて
見えるので
親しみやすい
入りやすい

触れたり
乗ったり
楽しめる
作品

五感に
触れる
展示

1人客も
カップルも
グループも
対応できる
パークのように

自然光が
降りそそぐ
開放感

有料ゾーンと
外側に
無料ゾーンが
あり、一周
できる

無料ゾーンに
作品やライブラリー
保育施設
カフェ
市民開放ギャラリー

子供たちの
ワークショップ開催

「ミュージアムクルーズ」
（小中校生全員招待）

全生徒にもう1回券

イベントや
講演会の
開催

商店街・
大学との
タイアップ
街の活性化

学校に美術の
出前授業

第3章

プランニングの工程

創造的プランナーの段取りとコツ

創造的プランニングの「4STEP」

「知る・想う・創る・動く」基本フレーム

□「カタチ」のない創造性にフレームを

第4次産業革命と言われ、高度デジタル社会の真っ只中で仕事が進められています。そして、創造力が、あらゆる物事を進歩させ、革新するエネルギーになっていることは間違いありません。

ただ厄介なことに、創造性には「カタチ」がありません。科学的、文明的なものはわかりやすいですが、精神的、文化的な創造性は、あいまいではなく、不確かなもので、手ごたえがありません。人それぞれ価値観も違い、より所もありません。

そのため、最低限の「創造的プランニング」の基本的なフレームがほしいところです。そこで、広告会社での経験から発想の枠組みを「よりわかりやすく・より創造的に」を意識して組み立ててみました。

□ 仕事の3段階を、より創造的工程にする4STEP

図16は、第2章の1で述べた仕事の3段階から、より創造的にプランニングするための「4STEP」の原型です。図の Ⓐ と Ⓑ が肝になります。

この「4STEP」で言いたいのは、

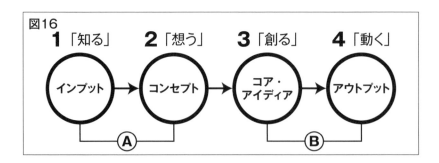

図16
1「知る」	2「想う」	3「創る」	4「動く」
インプット	コンセプト	コア・アイディア	アウトプット

Ⓐ　何を伝えたいか（WHAT）

Ⓑ　どう伝えるか（HOW）

です。このⒶ、Ⓑの組み合わせから「創造的プランニング」の4STEPができています。

この4つの「何が肝心か」を身につけることで、発想の核心に迫ることができるのです。とくに「Ⓐ　何を伝えたいか（WHAT）」は、「そもそも、何をしてほしいのか」の根っこの部分。ここでプランニングの大半が決まってしまいます。

図17

「創造的プランニング」の4STEP

STEP	求められるテーマ	テーマの核	内容
STEP1 「知る」	世の中の、市場の人の動きから、発想のヒントを探る	課題の本質の発見	・そもそも何が問題か ・コンセプトにつながる新しく質の高い情報収集
STEP2 「想う」	イメージ、ビジョン、ストーリー、仮説を描き新しい方向づけをする	コンセプトの発見	・本当に人が求めているのは何か。どうしたいのか ・新しい羅針盤をつくる
STEP3 「創る」	仮説、ストーリーを独創性あるカタチにし、パワーアップを	コア・アイディアの発見	・仕事全体に影響を及ぼすビッグ・アイディアづくり ・人を巻き込む新奇性ある具体策
STEP4 「動く」	全体の仕組みと、より良い方向で、世の中に定着させる	全体戦略の構築	・成果に向けアクションプランづくり ・持続できる関係づくりの仕組みとする

□ クリエイターやデザイナーの思考方法から

この「創造的プランニング」の4STEPは、私も含めて制作者の作業フローやスキル、トレーニング法をベースに整理したものです。

前ページの図17を頭に入れて仕事をすることで、いつの間にか自分のスタイルができ上がってきます。創造力は個人の資産。目減りしません。つねに引き出し、磨き続けることが肝心です。その基本の形、と考えてください。

詳しくは次ページからの解説に負うとして、この4つのSTEPを「ディズニーランド」を例にして当てはめてみます。欧米の企業はとにかく明快にマネジメントの枠組みを語っています。このディズニーに関しても、私流の考えで組み立てたものです（CASE3）。

CASE3

STEP 1. 「知る」
ウォルト・ディズニーが、孫と一緒に公園に行って強烈に感じたことから発想する。タバコやゴミで不潔。長居できない。退屈でワクワクしない。家族で楽しめない。
「ミッキーを核に何かできないか」

STEP 2. 「想う」
「地球上で一番幸せな場所」をつくりたい。

STEP 3. 「創る」
「夢と魔法の王国」をつくろう。（非日常の世界）

STEP 4. 「動く」
「気持よくなる魔法」をかけ続けてあげる。

（ビジョン、コミュニケーション、施設、もてなし、商品、サービス、イベント、タレント＆キャラクター、ショー、生活提案、夢と冒険の世界づくり、季節・歳時とのタイアップなど、無数のドットの集合体で魔法をかけ続ける）

---

① ① （STEP1） 「知る」

課題の本質を発見

□「知る」ことが、あらゆる仕事のスタート

STEP1「知る」〈課題の本質を発見〉は、STEP2とSTEP3のために存在します。従来、コンセプトやアイディアの発見は、情報量に比例すると言われ、情報持ちになることを目指してきました。

しかし今、IT、ビッグデータの時代になり、情報の量だけは溢れています。ここで本当に必要な「質の高い情報」とは何か。あらためて、何のために情報収集をするのか、なぜ「知る」ことが大事なのか。これらを明確に意識することが、すべてのプランニングの「差」につながっていきます。

情報そのものが価値を持った時代は終わりました。今は情報を加工し、コンセプトに…、アイディアに…、と価値を創造する時代です。ようするにコンセプトメイキングが目的で、その手段として質の高い情報が求められているのです。

□「知る」ことで新たな課題が見えてくる

「知る」には2つの大きな目的があります。

1つ目は、「真理を探るため」。

2つ目は、「『その先』を描くため」。

「真理を探るため」とは、例えば「なぜ売れないのか」「なぜ関心を寄せないのか」その悩みの本質は何か。ここを徹底的に深掘りしていくためです。しかし、今は情報が当たり前に手に入り、わかった気になり、深く悩まない、深く考えなくなっています。調査、データから事実を取り出し、簡単に結論にしてしまうのです。

世の中との関わり、モノゴトの背景、人との関係から、人々の本音を探し出し、問題の本質を深掘りするから、新たな課題発見につながって

いきます。

　つまり、「新しい課題創造をする」ための視点を持ち続けることで、変化をつくり出すことができるのです。

　「何が問題か。悩みの根っこはどこにあるのか。なぜ好かれないのか」。ここに触れる情報こそ、質が高い情報と言えるのです。

　２つ目の「『その先』を描くため」とは、情報を駆使し、新しい標準をつくり、市場を創り出すために、どんな「知る」が必要か。現状を超え、つねに一歩先を走るために何が必要か。それを描き出すために情報を集めるわけです。

　成熟し、モノ余りでコモディティ化（汎用化）した社会で、頭ひとつ抜け出すのは大変なことです。しかし、ここを意識しないかぎり、いつも同じウズの中から抜け出せません。そのためにも「知る」ことは「創り出す」ための第一歩と考えてください。

　①大きな夢を見るために、②独自のイメージを描くために、③新しい情報価値づくりのために、「その先」を描くための情報収集（下記の１と２）が不可欠なのです。

□ プランニングでの情報収集とは

　情報収集は、

1　特定情報──テーマ、課題に関する情報
2　一般情報──知識、経験、常識、良識

の２つがあり、意図する、しないにかかわらず、この２つの方向から集めています。

　１の「特定情報」は、課題・テーマ周辺の情報、データ、知識です。それは社会、市場、消費者、商品、競合、流通、コミュニケーション、トレンドなどで、全体把握と問題点を探し出します。

　2の「一般情報」は、常日頃蓄えていた雑学、人生経験、珍しい体験、常識、センス、キャラクター、性格、雑学などで、一見、無関係な情報がプランニングをする時に引き出されてきます。

　当然、1の特定情報だけではライバルと同じ土俵から出られません。人と違う、ホカにないことをプランニングするためには、2の自らの一般情報が1と組み合わさって新しい土俵を創り出し、そこでプランニングするのが理想です。自らを磨くことで考える土台は上がり、それが創造力を高めることになるのです。

□「テーマ」がある。さあ、どう情報を集めるか

　私の場合、テーマが決まっていても、①闇雲に情報を集める場合と、②テーマのもとに仮説を立てて情報を集める場合があります。

　その時の仕事の状況にもよりますが、いつもはまず「闇雲」を狙い、ひたすら情報収集に集中します。

　②のテーマに沿って集めると、どうしても関連した狭い範囲の情報になってしまいます。時間を決め、広げられるだけ広げる…。その間、いっさいアイディアを考えません。蓄まるほどに、後々の組み合わせが増えてくるし、何が化学反応を起こすかわからない。そんな楽しみがあるからです。パーセンテージで言えば70%情報収集、30%が考える時間でしょうか。

　ムダなようでも直線には走らず、寄り道をするほどに自らの一般常識が増えていく…。これがまた次に生きてきます。

①—② コンセプトの発見

□ プランニングの中心が「コンセプト」

STEP1で収集した情報を通して、世の中に自らの「熱い想い」を掲げるのがSTEP2「想う」〈コンセプトの発見〉です。

「あの人にこうしてあげたい」「私はこうなりたい」と、新しい生き方、新しい方向性、新しい価値観を「コンセプト」というカタチで提案していきます。

ここは「何を提供できるか」という仕事の中心の部分です。

コンセプトは、プランニングのど真ん中に位置し、すべての行動の指針となるもの。このコンセプトメイキングがSTEP2の仕事です。

□ コンセプトはコンパス（羅針盤）です

コンセプトのない企業は、「コンパスなしに航海を強いられるようなもの」と言われます。当然、コンパスなしのビジネスは考えられません。

すべての仕事は、羅針盤となるコンセプトを創ることから始まります。そして、このコンセプトを真ん中にして、人も仕事も組織も動いていきます。「どの方向に向かうのか」が、コンセプトにあるからです。

プランニングの核もコンセプト──それは「企画のへそ」と言われるものです。

かつて「この企画、ヘソがないぞ。ヘソが！」と、よく先輩から叱責を受けました。つまりこの企画は「何が言いたいの？」「どうなりたいの？」という指針となるコンセプトが欠落しているからです。

すべてのプランニングで、コンセプトが確立されて、初めて仕事がスタートします。「何をすべきか」が、明快になったからです。

□ コンセプトとは「新しい価値観の提案」

コンセプトは「概念」と訳され、もともとは哲学用語です。

この言葉が広告会社に入ってきたのは、1950年代。次第に激しさを増す競争社会で、同じ概念の中での競争が難しくなってきたからです。

勝つためにはどうしても新しい概念（コンセプト）が必要です。概念を変え、価値をズラし、新しい意味につくり直し、新しい戦い方をする…そんな歴史だったのです。

この傾向は、今も激しさを増すばかりです。

世の中の暮らしぶりが変われば関心事も変わり、大きく揺れ動きます。関心事に合わなければ、価値がない、存在感がないと言われます。モノゴトが進化するほどにヒトの価値観が変動していくのです。

そこで、「新しい概念に創り直そう」という姿勢が求められます。私はコンセプトメイキングを、「新しい価値観づくり」と定義し、変えること・変わることを楽しむようにしています。

□「変える」ことに、軸足を置く

コンセプトは単なるテーマでもアイディアでもありません。狙いは、
①既成概念（前例、習慣、ルールなど）を壊し、
②物事や現象の本質を新しい意味に翻訳し直し、
③新たな意味をすべての創造物（アウトプット）に反映させ、
④新しい事業を創り出し、ムーブメントを起こす
ことです。

こうした考え方は、企業コンセプトやマーケティングコンセプト、商品コンセプトはもとより、あらゆるプランニングにこの姿勢が求められています。

□ コンセプトって、こんなカタチ

私はコンセプトメイキングを、次ページの図のような形で説明しています（図18）。

アイディアもプランニングも発想も、とにかく抽象的で非定形。もちろんコンセプトも同じです。そこで、あえてコンセプトの構造と作業の

流れがイメージできれば…とつくったものです。

特定情報（企業のフィールド）と一般情報（時代のフィールド）との組み合わせから創り出す図です。

（コンセプトのつくり方のコツは、77ページ「コツ2　組み合わせ技」参照）

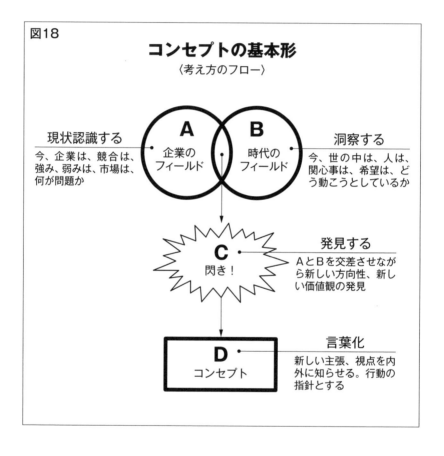

図18

コンセプトの基本形
〈考え方のフロー〉

現状認識する

今、企業は、競合は、強み、弱みは、市場は、何が問題か

A 企業のフィールド

B 時代のフィールド

洞察する

今、世の中は、人は、関心事は、希望は、どう動こうとしているか

C 閃き！

発見する

AとBを交差させながら新しい方向性、新しい価値観の発見

D コンセプト

言葉化

新しい主張、視点を内外に知らせる。行動の指針とする

❶ (STEP3)「創る」

❸ コア・アイディアの発見

□ 夢をカタチに─ランドマークをつくろう

STEP3「創る」〈コア・アイディアの発見〉は、STEP2「想う」のコンセプト発見に続く、「シンボル」づくりです。

ようするにコンセプトを実現させるための「コア・アイディア」を見つけ出すことが最大の仕事です。抽象的なコンセプトを、どうリアルな形に展開していくか。あらゆる創造物の中心となり、すべての作業に影響を与えていくコア・アイディアを創ることです。

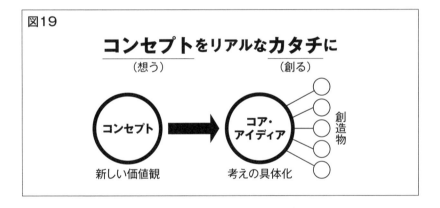

図19

コンセプトをリアルなカタチに

（想う）　　　　　　（創る）

コンセプト　→　コア・アイディア　創造物

新しい価値観　　　考えの具体化

「こう変わりたい」「こんな方向に向かいたい」「これを伝えたい」…。

その考えをどう言うか。それをみんなにわかりやすく、共感できるようなシンボルができないか。

ランドマークのような、街の誇れるシンボルのような、コア・アイディアがつくれないか。STEP3は、ここがポイントです。

□ 広告の世界で話をすると…

　広告の世界で言えば、TV、ネット、新聞、雑誌、販売促進物などなど、各メディアに統一したコア・アイディアがあるかないかで戦略に雲泥の差が出てしまいます。

　イメージ（抽象）をカタチ（具象）にして、よりコミュニケーション効果を高めようとするのですから当然です。より早く、より深く、より長く、人々に自らのコンセプトを伝えるために、「カタチ」を創る創造力の発揮が求められます。

　おなじみのソフトバンクの広告で言えば、「白戸家」であったり「お父さん犬」であったり。このコア・アイディアがあるだけで、あらゆる戦術へと広がっていきます。

　STEP4「動く」〈全体戦略の構築〉へと無理なくつながっていくのです。また、それを持続することで企業ブランド形成へ…。いいコア・アイディアはその後の仕事をとても楽にしてくれるのです。

□ コンセプトとコア・アイディアの連携

・JR東海の集客キャンペーン

　一時、日本人の旅行客が減少した時期に、あらためて「日本の良さを、美しさを再確認してほしい」と始めた集客促進の例でお話しすると、

　コンセプト：「そうだ　京都、行こう。」

　コア・アイディア：「世界一の絵ハガキをつくる」

　（長く続くカレンダーのシリーズのようにしていきたい）

　結果、キーワードと絵ハガキのような写真が、もう30年近くも続いています。コア・アイディアがしっかり立ち、京都の映像そのものがシンボルとなり、JR東海のブランドイメージにもなっています。

　このコンセプトとコアがあるかぎり、展開の仕方は次々に生まれてくる。だから持続する…。コア・アイディアが奇をてらうことではないことを理解していただけるでしょう。

・サントリー「伊右衛門」

　緑茶のカテゴリーで低迷していた中で、「本当においしい緑茶を飲んでもらうこととは…」。その本質探しから始まります。

　コンセプト：「百年品質・上質緑茶」（お茶は、日本人の心、そのものだ）

　コア・アイディア：「老舗・福寿園（茶舗とのコラボ）と、頑固な職人の世界」（伊右衛門・本木雅弘と妻・宮沢りえ）。

　老舗と職人の２つが１つの世界をつくり、強力なシンボルとなる。この「伊右衛門」も2004年以来のロングラン商品です。当然、このシンボルがあるからこそSTEP4の戦略・戦術のアイディアも生まれやすいし、展開も容易になる。このコア・アイディアなら、誰もが展開案を創れそうな気になってきます。

　すべての仕事のど真ん中に何を置くか。いいコア・アイディアがあれば、次々に発信者が変わってもブレることがないものです。

□ 独自のコア・アイディアがほしい

　私たちはよく、「HOW（いかにつくるか）」より、「WHAT（何を）」が大事だ、と言い続けています。

　いいコンセプトがあれば、仕事は終わったも同然とも。しかし、どんなにいい考え方でも、その先のアウトプットに魅力がなければ、効果は激減しますし、かえって足を引っ張ることだってあるのです。

　上記の２つの例を見てもわかるように、具体化するアイディアの力は想像を超えます。想像力を惜しみなく発揮し、すべてのより所となるカタチづくりに取り組んでください。

　１枚の絵で、日本中を感動させることだって、できるかもしれないのですから。

STEP4 「動く」

④ 全体戦略の構築

□「コンセプト」「コア・アイディア」を核に戦略化

あらゆるモノゴトにコンセプトがあります。そしてコンセプトは展開（戦略・戦術）を前提に創られています。

言ってみれば、戦略のないコンセプトも、コンセプトのない戦略もありません。ただモノゴトの方向性を示す役割があるため、「初めにコンセプトありき」と言われます。

「どうなるといいのか…」、コンセプトと戦略・戦術が一体となって、初めて課題解決に向かいます。

102ページで詳しく述べますが、戦略・戦術は、もともと戦争や政治闘争の用語として古くから使われていました。今は勝つための全体戦略と作戦を、市場競争の手法としてマーケティングでは取り入れています。そして、統合的な「売れる仕組みづくり」へと発展させていきます。

□「あの人」を攻略する仕組み

STEP4「動く」〈全体戦略の構築〉は、ギューッと絞られてきた考え方（コンセプト）をシンボル化（言葉にしたり、ビジュアルにしたり）し、それを伝えるために相手にどのようにコミュニケートするか、どう相手の気持ちに刺さり込むか。そのために、いろいろなアイディアを組み合わせ、全体構想を描き、実践することです。

とくにSTEP4「動く」は、より現場感が求められ、相手に合わせて設計図を書かなければなりません。相手を動かすための仕組みになっているか、ここが「へそ」です。図20で言えばⒷを明快にした上での、Ⓐ全体戦略づくりになっています。

もう少し言葉を足せば、

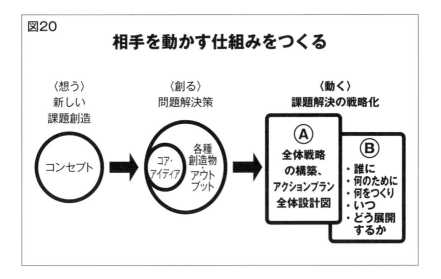

図20

相手を動かす仕組みをつくる

〈想う〉
新しい
課題創造

コンセプト

〈創る〉
問題解決策

コア・
アイディア

各種
創造物・
アウト
プット

〈動く〉
課題解決の戦略化

Ⓐ
全体戦略
の構築、
アクションプラン
全体設計図

Ⓑ
・誰に
・何のために
・何をつくり
・いつ
・どう展開
　する か

　Ⓐの、最適な仕組みをつくって最大の効果を上げるための戦略化ができるか。その時大切なのは、相手の顔が浮かんでいるかどうかです。

　したがって、Ⓑの「相手」（攻略したい相手・想いを伝えたい相手）がとても重要です。戦略と言うと大層に聞こえますが、基本はひとつです。

　「あの人」を攻略するために、何を、どうすると振り向いてくれるのか。手を出すのか。買い続けてくれるのか。

　あの人に「好き」と言わせるための手法と手順が、このステップだと考えてください。相手が見えていなければ、絶対に戦略など組み立てられません。

□ 車を運転するビール好きの「あの人」に飲んでもらいたい

　例えばキリンビールでは、激しい競争状態にある「第3のビール」でのニッチな市場ではなく、「アルコール0.00％」という新しいコンセプトとキーワードで、まったく新しいターゲットをつくることに挑戦。完全ノンアルコールで暮らしを変えることを狙い、運転する人もOLも主婦も昼間のビジネスマンもターゲットにして成功しました。

　一見、凄いキャンペーンですが、根っこは、個人個人の快適な暮らし

を求めるニーズです。

「おいしいビールが飲みたい。しかし、この状況では…」

「それにはノンアルコールビール0.00％がある」

生活者の暮らしぶりを探り、そのシーンにメッセージを送ります。

いい商品も、いいプランニングも、必ず相手が見えます。だから戦術も明快だし、ブレもありません。人を「動かす」には、「あの人にこうしてあげたい」と相手の顔を想い浮かべて戦略を組み立てるのです。初めから戦略というカタチがあるわけではありません。

□「みんなに」ではなく「あなたに」

大多数の人間を振り向かせようとすると、相当なパワーが必要です。そして、このモノ余り社会でみんなにジャストミートすることはありません。一方で、自分の考えを絶対「あの人」に伝えたいと思うと、発想や行動はより明快になるしスムーズです。

あの人の興味や好奇心や悩みを深掘りするほど、深いコミュニケーションが得られます。相手が見えるから、コンセプトもコア・アイディアも戦略・戦術も組み立てられるのです。

全体論とか、統一性とかは、仕組みのカタチのことではなく、相手の「あの人」に１本の筋道でマーケティングが統一されているかどうかです。

課題解決を主テーマにするビジネスパーソンにとって、個を想定し、深掘りし、相手の気持ちにまでたどり着くから、「そこまで考えたのか！」と相手に言わせられるのです。

② 独創的プランニングの「6つのコツ」

「私ならどうするか」の考える習慣づくり

□ さらに加速する「人との違いをつくる社会」へ

　独創する（プランニングする）とは、人との違いをつくること。マーケティングの究極の目的も「差異化」です。「人それぞれ違う・企業それぞれ違う」という発想なしでは、人も企業もその他大勢の中で埋没してしまいます。

　こうした、「人との違いをつくる」というスタンスの上で、これまで創造的プランニングの「4STEP」をまとめてきました。

　あくまでハウツーではなく、作業工程とヒントを通して「考える姿勢」を手渡したい…。そして、自ら気づき、感じ、動いてくれることを願って進めてきました。

　本項ではさらに、あらゆる状況から頭ひとつ抜け出すための、「独創的プランニングの6つのコツ」をまとめてみました。

　〈目的〉は、

1　もっと独自性ある発想のために
2　もっと自分らしい発想のために

　毎日の仕事を、もっと独創性あるものにしたい、という意欲に対して、「こんなところを意識して！」という、私の願いでもあります。

□ 考える体質＝クリエイティブ体質へ

　プランニングの基本の「4STEP」に、さらに独創性を身につける「6つのコツ」は、今もこれからも一生必要となる「考える体質づくり」につながっていくものです。

　ビジネスの大半は大なり小なり課題解決です。そこには悩みがあり、対象があり、目的があります。ここをどう考え、動かし、課題解決につ

なげていくか…。

　思いつきにとどまらない、考える体質（モノゴトを生み出す・創り出す）が必要です。たまたま振ったら当たったという草野球のレベルでは困ります。

　先の基本の4STEPは、まずブレないようにと考える段取りです。この4STEPを繰り返しトレースすることで、自分の考える姿勢とスタイルが生まれてきます。

□ さらに「あなたらしさ」の発揮を！

　考える姿勢の上に、「あなたらしさ」という自らの独自性を出すことです。これが自らの誇りとなり、人からの尊敬につながっていくからです。人とどう違うのか、ホカにないのか、あなたらしいのか。

　それには、仕事では必ず、

「私だったら、どうするか」

ということを考える習慣をつけてほしいのです。そこからスタートしなければ独自性なんて生まれません。つねに、好奇心旺盛に、違い探しを求め続ける姿勢こそ、クリエイティビティを磨くコツなのです。

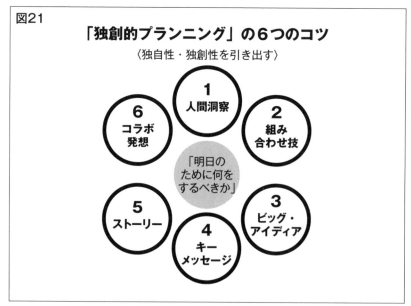

図21
「独創的プランニング」の6つのコツ
〈独自性・独創性を引き出す〉

1 人間洞察
2 組み合わせ技
3 ビッグ・アイディア
4 キーメッセージ
5 ストーリー
6 コラボ発想
「明日のために何をするべきか」

② ⓘ （コツ1） 人間洞察

❶ 新しい兆しは、現場にある

□ いい素材があるから「個性ある一皿」が誕生

料理人がこだわるのが「素材」です。いい素材がなければ、イメージが広がらないからです。今は、シェフ自ら産地に出かけていき、自分の目と感覚で素材を選び抜くことは、珍しくありません。一皿の個性が求心力を持ち、競争優位に立つために、素材そのものにかけているからです。

ライバルが手にしない独自のルートを発見し、素材を集め、オリジナルな調理で、価値ある一皿をつくりあげるのです。

プランニングも同じです。人と違う視点で情報を集め、素材を組み合わせ、独自のコンセプトを創っていく…。

では、プランナーにとって、いい素材とは、いい情報とは、どこに視点を置いたらいいのか。まず第一のコツを探ると、それは「人間洞察」です。

□ 「人間の幸せ」を突き詰めるのがビジネス

モノの豊かな時代が続き、その間に生活者は試行錯誤を繰り返しながら、心の充足、生きがいの追求に向かってきました。当然、しだいに個人個人の問題になり、各人の好き嫌いもはっきり表に出てくるようになります。

もう、大量に投網ですくうようなビジネスには無理があります。生活者優先社会とも人間中心社会とも言われる現代では、すべての仕事は人間に突き当たります。

「ビジネスのことは現場に聞け」と言われ、人間の動きから眼を離すな、じっくり洞察せよ、と言われます。では、どう観察、洞察するのか。新しい兆しの発見のために、ここがポイントになります。

　下の図22と合わせて考えてみてください。「人間は合理性20％、非合理性80％で生きる動物だ」と言われています。

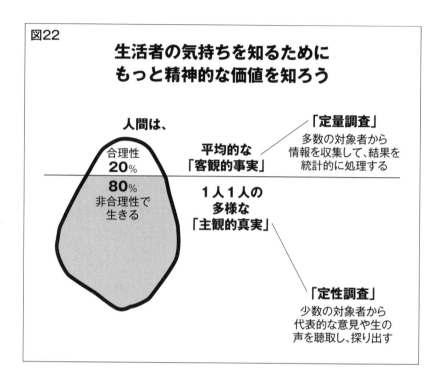

図22

**生活者の気持ちを知るために
もっと精神的な価値を知ろう**

人間は、

「定量調査」
多数の対象者から
情報を収集して、結果を
統計的に処理する

合理性
20％

80％
非合理性で
生きる

平均的な
「客観的事実」

1人1人の
多様な
「主観的真実」

「定性調査」
少数の対象者から
代表的な意見や生の
声を聴取し、探り出す

　数量になって表れる部分（従来の定量型マーケティング）は20％で、それ以外の80％はエモーショナルの部分（感情、情緒、感覚）で、把握するのがとても難しいものでした。

　しかし、生活者優先社会で、個人の好き嫌いで左右する社会では、数量からは見えてこないことが数多くあります。見落としたり取りこぼしたりするものも次第に増えてしまい、ここでポストモダンマーケティング（定性調査型マーケティング）へ大きく軸足を移してきました。今、マーケッターの視点は定量調査から定性調査へ、「主観的真実」の探求へと移っています。

　「定性」とは、結果が何％といった数値で良し悪しを判断するのではなく、「なぜ人はモノを買うのか」「なぜこれが好きなのか」という数値で表しにくい感覚的なことの洞察を進めていこう、というアプローチです。

　結果（データ・事実）を整理分析し、理由を後付けするのではなく、論理と感性で予見できるリサーチに切り替えていこう…と。

　人間を１人の個としてとらえないかぎり、生活者のニーズに合ったものは生まれないからです。こうした時代の流れから、生活者の行動の内面に深く入り込んでマーケティングに生かす、「コンシューマー・インサイト」という手法が拡がっています。

　広告会社は、早くからインサイトを核にしたマーケティング戦略を展開してきました。

> ■コンシューマー・インサイトとは、消費者に対する洞察。消費者の行動や心理を徹底的に分析してインサイト（洞察）を立て、それを戦略立案のカギとするマーケティング手法です。「なぜ人は動かないのか」「本当に望んでいるものとは何か」「なぜ反応しないのか」…。ミクロの小さな兆しを発見し、想像力を働かせ、プランニングに生かしていきます。

□ リアル情報を求めて「生活者の現場」へ

　ネットで何となくわかる時代だからこそ、「ネットでは検索できないこと、ネットだけでは手に入らないこと」の重要性が高まっています。それを解決するには現場に身を置くことです。

　買い物の現場、学びの現場、働きの現場、遊びの現場など、いろいろな生活者のいる「場」が生活領域にあります。

　まずは次ページの図23にあるような「１次情報」の収集です。２次情報が第三者の意見であるのに対して、１次情報は「自分の感性を生かし、自分で見て・聞いた、自前の情報」です。

　平均的な「みんな」の意見や情報ではなく、自分の視点で、自分の発

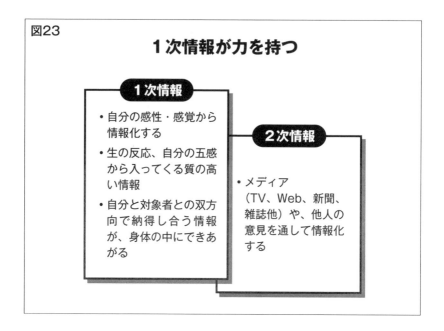

図23

1次情報が力を持つ

1次情報
- 自分の感性・感覚から情報化する
- 生の反応、自分の五感から入ってくる質の高い情報
- 自分と対象者との双方向で納得し合う情報が、身体の中にできあがる

2次情報
- メディア（TV、Web、新聞、雑誌他）や、他人の意見を通して情報化する

見だからこそ、1次情報は力を持ちます。

　現場感を持ち、ディテールを嗅ぎまくり、主観的な真実の発見をする…。オリジナルはここからしか生まれません。

〈そして「なぜ？」を考え続けよう〉

　「何が起こっているか」という事実は、ネットで検索すれば誰でもわかる時代です。そのせいもあって、そこで多くの人の思考は停止してしまいます。すべて「知る」ことで「わかった」ことになってしまいます。

　「なぜ？」「何でこうなの？」と深く掘り下げるところまでいきません。

　「気づき」がなく、深掘りすることがとても苦手になっています。情報の背後に流れる人間の気持ちを深く探り出せる人こそ、「世の中の全体の流れ」を読める創造力のある人だと思っています。

〈例えば、「なぜ買わないのか」を探ると〉

　なぜ、人はその商品を買わないのでしょうか。それを考えると、以下のような思考に行き当たります。

①一応、間に合っている、②だから欲求が薄い、弱い、③選択の対象が多く、どれを選んでいいのかわからない、④似たりよったりで差がない。個性がない、⑤モノ単品だけですまない。いろいろ関連して拡がっている、⑥好きなものが見つからない、⑦何が好きなのかもわからない、⑧とくに…。別に…。無関心、⑨生き方に合わない。

ここには、生活者の強い意志やニーズは感じられません。モノ余り社会の中で立ち止まっているのです。

次の生活モデルが見つからない。生き方の見本がない。所有欲を満たすだけのモノなら、もういい。もっと驚きや違った楽しみがほしい…。

人々のこの空気を感じ取ってください。そこに、新たな課題創出（テーマ発見からアイディア開発へ）の仕事が待っています。

□ 創造性を刺激する「タウンウォッチング」

人間洞察のためには、タウンウォッチングが一番です。タウンウォッチングの【狙い】は、ヒト、モノ、ミセ、マチ、空気感を観察・洞察することで、自らの体内にある創造性を引き出す訓練です。

ご存じのように街は、最先端の情報でいっぱいです。とくに、ヒト。会社の中にいる時と違い、ここでは誰一人として同じ表情、しぐさ、言葉づかいをしている人はいません。

一番、自分らしく、それこそ一番、無防備。個人の素をさらけ出している場所なのです。

２次情報では手にできない、生活者の表情を含めての反応。トレトレの新鮮な表現が手に入るのです。このタウンという舞台を「考える・創る」発想の場として自分のものにしていきましょう。

〈タウンウォッチでわかること、見えてくること〉

机の上には「事実」はあっても、「真実」はなかなか見えてきません。現場には真実があります。だからタウンウォッチングです。

新しい発想とは、頭の中に新しいイメージを描くことであり、仮説を立てることです。ようするに、絵やストーリーを描くことです。

よほど慣れていないかぎり、机の上で状況を変え、次々とアイディア
が浮かんでくる、などということはありません。

　タウンウォッチングでは「見る、聞く、嗅ぐ、味わう、触れる」五感
が、押し寄せる刺激で頭が、動き出します。

　積極的に何かを発見しようというモチベーションも高くなる。また、
俯瞰した全体でとらえることができるのも、現場の空間に立っているか
らです。

　例えば、まったく見ず知らずの街で出会った40代のビジネスパーソン
で試してみましょう。

　この人への観察・洞察から家族、趣味、仲間、職業、働き方、暮らし
方、生き方、価値観などを想定し、自らの「テーマ」にぶつけてみるの
です。

　もし、その人があなたのテーマの対象外なら、無理やりターゲットに
してみると、どうなるのか。この人のために、逆に「テーマ」をつくり
変えてみると、どんなアプローチがあるのか。出会う人ごとに「想い」
をぶつけ、仮想のキャッチボールをするのです。

　見えなかったものが見え、気づかなかったことに気づく、机の上では
わからない発見がたくさん生まれてきます。

　知識だけではビジネスはできません。「理性と感性」の組み合わせで
す。人との違いを創る時代に、自分の五感をフル活動させる、「タウン
ウォッチング」を通じて自分流のワークスタイルを身につけてください。

② コツ2 組み合わせ技

② 革新や独創は情報の掛け算効果

□ 創造とは情報の組み合わせ

いいアイディアを生み出すハウツーなんて絶対にありません。もし、素晴らしいアイディアを出し続ける人がいるとしたら、それはこれまで述べてきたプランニングの原理原則を行いながら、人よりも何倍も考え続けている人です。

そして、蓄積した情報と知恵を引き出すコツを会得したから、アイディアを出すスピードが早くなっているのです。

とにかく最初は、考えて考えて、考え続けたことでしょうし、何より考えるのが「好き」な人のはずです。

ただ、アイディアを生むための原理原則はあります。**コンセプトもアイディアもすべての創造的仕事は、「異質な情報と情報の組み合わせ」以外の何ものでもありません。**組み合わせから、新しい価値観、新しい意味、新しい関係を発見するのです。

作家の藤本義一氏は、「発想は無のところから忽然と湧くなどありえない。今までの蓄積された知識と経験をうまく引き出して、現実のテーマと組み合わせる。この作業が発想です。当たり前だが、人間は知っていることと体験したことしか表現できない」と言います。

まさに真理です（79ページ図24）。

□ 情報の掛け算に、独創のキーがある

今や情報そのものの価値は薄れ、その情報を加工し、「創造物」に置き換えないと価値を生みません。加工するとは、既存の情報を組み合わせ、新しい関係や新しい価値を発見することです。コンセプトもアイディアも、この「組み合わせ技」にかかっています。

図に置き換えてみると図25のようになります。

この図のように、異質な情報Ⓐ×異質な情報Ⓑで新しい価値の発見があります。いい化け方には「へぇ～」があり、「なるほど」があります。ありきたりのもの同士を結んでも、新しくはなりません。

あまり似かよった情報では、変化に乏しい。革新につなげるために、関係のない２つの概念を思い切ってくっつけてみるのです。例えば、

〈キッザニア〉

Ⓐ子供×Ⓑ職場体験＝「子供の職業テーマパーク」。

異質な組み合わせで、リアルに再現された職場で子供が遊びながら学ぶテーマパークが評判になっています。

〈ザ・リッツカールトン・ホテル〉

Ⓐホテル×Ⓑわが家＝「もうひとつのわが家」。

概念の違う価値観を組み合わせる。豪華さや設備で売るのではなく、世界中、どこにいても「わが家に帰ってきた」と感じさせるコンセプトに。

意外な組み合わせ、ありえない関係づくり、異質な掛け合わせなど、この情報の「組み合わせ技」に個性が表れ、個人差が生まれてきます。そのためにも、つねに個性的で魅力的な事実のストックが必要です。

□ 清涼飲料の競争は「組み合わせ技」の競争

１年に1000点以上もの新製品が発売されるという清涼飲料は、まさにテーマに対してどういう情報を組み合わせるか、の競争です。水も牛乳もジュースも珈琲も紅茶も、「おいしさ」や「品質」のグレード競争では人々の関心事に触れません。

ここまで成熟すると、健康だ、メタボだ、美容だ、ダイエットだ、とターゲットのニーズにどこまで応えられるか。「ノドを潤す機能ではない、新しい価値観へ…」と変化していきます。

清涼飲料はほんの一例ですが、ビジネス社会での創造活動は、こうした「組み合わせ技」による新しい関係づくりが、いたるところで求められているのです。80ページの図26にあるように、新しい清涼飲料のコンセプトメイキングに、これからもどんな情報と情報が結合し、化けていくのか…。掛け算が決め手で、それは考える人の努力の問題です。

図24

「創造する」とは

「誰もやったことがないような、意外なもの同士をつなぎ
合わせること」
スティーブ・ジョブズ（アップル）

「創造とは異質な断片の組み合わせである」
竹内均（物理学者）

「クオリティの高いアイディアは、連合性が高い。連合に
よって新しい存在価値をつくる」
池谷裕二（脳科学者）

「本来は結びつかない意外な組み合わせで、化学反応が起
こることを楽しむ」
小山薫堂（放送作家）

「創造とは、基本的にはあらゆるインプットの組み換えで
しかない。その組み換えの仕方によってオリジナルとか、
新しさが出る」
菅野稔人（哲学者）

図25

● コンセプトもアイディアも
Ⓐ×Ⓑの組み合わせ

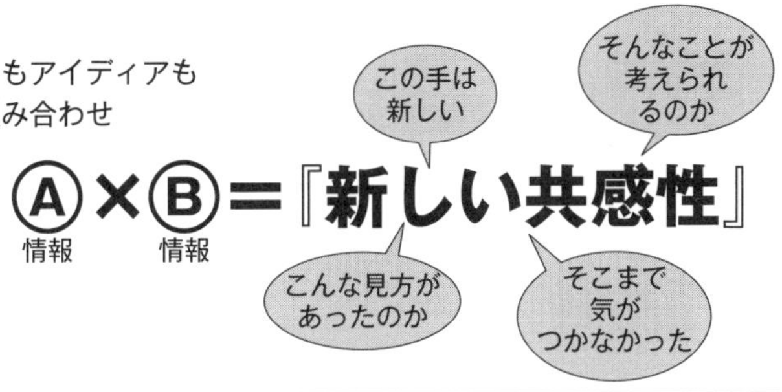

この手は
新しい

そんなことが
考えられ
るのか

Ⓐ × Ⓑ ＝ 『新しい共感性』
情報　　情報

こんな見方が
あったのか

そこまで
気が
つかなかった

□ 創造的であるためにどうしたらいいのか？

　まずは 2 つの原則。1 つは「インプットあってのアウトプット」（発
想は情報にしばられる）を強く認識すること、2 つ目は、「新しい組み
合わせ」に挑戦し、アイディアをつくり出すことです。

　図26を参照し、流れを追うと──、

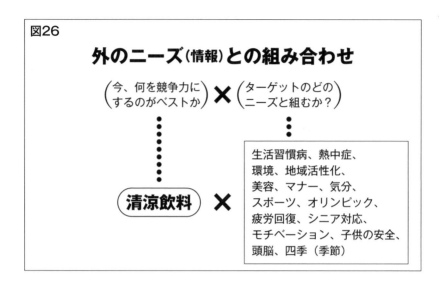

図26

外のニーズ(情報)との組み合わせ

（今、何を競争力に
するのがベストか）× （ターゲットのどの
ニーズと組むか？）

清涼飲料 ×

生活習慣病、熱中症、
環境、地域活性化、
美容、マナー、気分、
スポーツ、オリンピック、
疲労回復、シニア対応、
モチベーション、子供の安全、
頭脳、四季（季節）

①テーマに関連する課題を理解する（何が問題の本質か。何が大事か）

②テーマ関連や周辺と他領域の情報収集

③自由な雰囲気のもとで、組み合わせを始める

④新しい組み合わせのラフ・アイディアを出す。思いついたら否定せず、何十案と出す（いいアイディアは、量に比例する）

⑤それを検討し、絞る

⑥絞った案を寝かせ、発酵させる。閃きを待つ

⑦「来た！」「いけそう！」。コア・アイディアが誕生

⑧キーワード化、コンセプト化する（言葉化して初めてカタチになり、共有できる）

　一見、無関係なことがらに目を移すことで、思いもつかなかった化学変化が起こります。この距離感が「合わせ技」のコツで、数多く組み合わせ数を出すことで、ビッグ・アイディアの生まれる確率は高まります。

　この作業フローは基本の発想フローです。第４章のプランニングの実践で、あらためて種々の仕事に合わせたプロセスを紹介していきます。

2 ‐ 3 コツ3 ビッグ・アイディア

プランニングのど真ん中に、シンボルを立てる

□「想い」を「カタチ」にするコア・アイディア

コンセプトは決まった。それを具体化するためには、ビッグ・アイディアがほしい。それも社会を巻き込み、大きな影響を与えるもの。

街の中のタワーであったり、教会の塔であったり、寺院の大仏様であったり、誰もが惹かれるシンボルであり、ランドマークとなるものを、プランニングのど真ん中につくるのです。

新しいコンセプトですから、概念をカタチにしないと誰からも見えません。想いが優しい、想いが熱いだけでもダメ。具体的なカタチに表現するから、コンセプトを理解してくれ、感動し、信頼へとつながっていきます。

例えば、九州新幹線全線開業に向け、熊本県が取り組んだPRキャンペーン。悲願の開通を機会に、存在感を何としてでも高めたい熊本に、宣伝部長として「くまモン」を立ち上げたのです。

その年（2011年）、ゆるキャラグランプリで1位になり、その後各企業のキャラクターに愛用されるなど、今や世界的な有名キャラとなっています。まさに、熊本のど真ん中に、コア・アイディアとしての「くまモン」が立ち、ランドマーク的存在となっているのです。まさに、これがビッグ・アイディアです。

□「コア・アイディア」はマーケティング活動の中心

プランニングでは、コンセプトを発見しただけで、大半の仕事を終えたつもりになってしまいます。ホッとして気を緩めてしまうのです。私自身もコア・アイディアを探す努力を惜しんでしまうことがあり、何度も反省しています。

新しい切り口で、新しい価値観（コンセプト）を見つけたのだから、それを表現することに、その何倍もの努力をしなければならないはずです。なぜなら、世の中の人々は、どんなにすごいコンセプトでも、そのコンセプトがほしいのではなく、カタチにした「約束」がほしいのです。見えない裏側のコンセプトではなく、カタチに表れたコア・アイディアに魅力を感じてくれるのです。

　「コア・アイディア」の役割は、下記にまとめましたが、先ほどの「くまモン」をイメージして読んでもらうと、よく理解できるかと思います。

「コア・アイディア」の役割

①コンセプトに命を吹き込み具体化する
②マーケティング活動の全体を引っ張るシンボルとなる
③イメージ戦略の中心核となる
④人を集約させる力となる
⑤いつまでも人に愛されるビッグ・アイディア

□ プランニングはアイディアの集合体

　次の図27にあるように、アイディアの中心にコア・アイディアがあります。というより、コア・アイディアの発見があるから、それを核にし

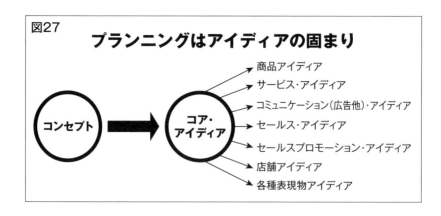

図27　プランニングはアイディアの固まり

てマーケティング活動のそれぞれのアイディアが集合して発展していけるのです。

　戦略と戦術にたとえると——、

　全体を動かす核となるコア・アイディアを戦略とします。そして、様々な様相を組み立て、全体と連携させながら動いていくのが各アイディアであり、戦術だと思うのです。

　全体があって部分がある…そんな意識でコア・アイディア開発に軸足を置いてほしいものです。

□「コア・アイディア」の突破力を知る

　コンセプトとコア・アイディアの関係を実例で説明します。先述したコア・アイディアの役割と照らして考えてみてください。

〈NIKEの例〉

　1980年代、シューズメーカーNIKEを一気に世界に飛躍させた例として、「アスリート」をマーケティング活動のコアとした展開があります。単に社名や商品を売り込むのではなく、NIKEの理念「感動の共有」を表すコア・アイディアとして展開したのです。

　アスリートのイメージ、生き方、メッセージなどを訴求し、若くて多感なユーザーとの絆づくりに成功しました。

　とくに、バスケットのマイケル・ジョーダンの登場が引き金となる。黒人選手で、彼のクールな生き方、メッセージに共感し、NIKEが起用。彼が10秒間空中に浮かんでいる「ジョーダンの飛翔」と題されたCMに感動し、バスケットシューズ「エアジョーダン」が爆発的に売れる。彼の生き方と若者と、お互いの感動を共有するところに、コア・アイディアが見事にはまった例です。

〈旭山動物園の例〉

　全国的にすっかり有名になった北海道・旭川市の「旭山動物園」。年々、入場者が減少し、市から廃止の声が出ました。当然、なぜ人が集まらないのか、を考えるが、単に遊戯施設やイベントの問題ではない。

「面白い動物園とは何か?」

本質から攻めると、社員自らが面白く思っているところがあるはずだ…。それは「動物本来の習性、行動、なにげなさ、食べるしぐさ、など、本来の生態系に魅力があるのではないか」と発見。

そこで出したコンセプトが「いのちを伝える動物園」。コア・アイディアを「行動展示」という展示方法へ。動物本来の生態を引き出すユニークな展示方法を核に、動物の能力、生態、環境を忠実に再現したのです。

この新しい展示方法の創造で、見事によみがえりました。今や、全国あらゆる動物園で、こうした「行動展示」が見られるように、多大な影響を与えているのです。

□ コア・アイディア発見に「クリエイティブ・ジャンプ!」

あらためて、コア・アイディアを創造するために、「コンセプト」の深読みと、その「考え」をどう具現化するか。そして、全体を引っ張っていけるビッグ・アイディアをどう発見できるか。

それには常日頃、アイディアを考える中で、「クリエイティブ・ジャンプ!」を習慣化することです。いつものステージから、もっと発想を飛躍させ、パワーアップさせるのです。

〈クリエイティブ・ジャンプとは〉

今考えている発想の場から、新しい環境に飛び立つことです。新しいものを独自に創り出すには、過去を否定し、前例を壊すこと、古い習慣やルール、価値観を捨てることで、新しい世界へ飛び出すことができるのです。

角度を変え、高く遠くに跳ぶほどに、ビッグ・アイディアは生まれ、個性化・差別化は進みます。クリエイティブ・ジャンプとは、「今」を壊して、どこまで新しいステージを創れるか…。跳ぶ力とは、破壊するエネルギーを使って発想を変える力だと思うのです。

例えば、羽根のあることが常識の扇風機が、子供の安全のために羽根のない扇風機で驚かせた「ダイソンのエアマルチプライアー」。この跳

び方は想定外のクリエイティブ・ジャンプでした。

　また、部屋に置かれるのが当たり前だった扇風機が、外に持ち歩く「ハンディファン」として夏の定番ファッションへジャンプ！

　さらに手持ちから首掛けスタイルへと屋外アイテムに変化し続けています。

　かつて現場でよく言われたのが、「このアイディア、ちっとも面白くないね。跳んでないよ」。ようするに、クリエイティブ・ジャンプがないことで、当たり前すぎる、深く悩んでない、の意味を込めて、「もっと跳んでよ」と言われたものです。

　逆に、こう言われると嬉しくなります。

　「新しいね」「ユニークだね」「見たことないね」「こんな切り口もあるんだ」「そこまでやるか」。いいアイディアは普通じゃないのです。考えて、壊して、跳んで、「クリエイティブ・ジャンプ」に挑戦しましょう。

コツ4 キーメッセージ

新しい言葉が、新しいビジネスを創る

□「言葉」がビジネスの起点となる

　ビジネスは人間で成り立っています。相手がいて「目標があって、創造があって、戦略がある…」。それを何で表すかといえば、すべて言葉です。

　そして、言葉を通して人は動きます。経営の真ん中に、マーケティングの真ん中に、戦略の真ん中に、コミュニケーションの真ん中に、キーとなる言葉が存在します。

　プランニングでも同じです。

　それぞれの状況の中で、独自の想いや主張を持ったメッセージがあるから、社会から支持され、市場で評判を手にすることができるのです。そして、図28のように人との関係を深めていくサイクルができあがります。

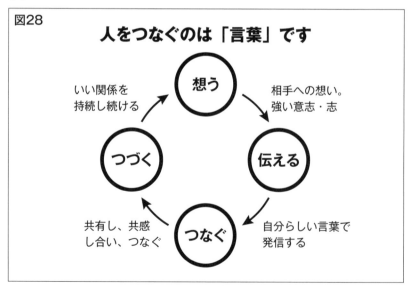

図28

人をつなぐのは「言葉」です

いい関係を
持続し続ける

想う

相手への想い。
強い意志・志

つづく

伝える

共有し、共感
し合い、つなぐ

つなぐ

自分らしい言葉で
発信する

□「言葉」がアイディアの骨格をつくる

創造の原則は、既存の情報と情報の組み合わせから生まれる、新しい価値観であったり、新しい関係性です。その抽象的な閃きを、すべて言葉に置き換えなければ先に進みません。

「考える」という目に見えない仕事を、目に見えるカタチにすることです。あいまいな思考は、書くことで具現化し、共有され、行動へと移っていきます。

当然、「何となくわかる」というレベルではなく、周りが同じ言葉で説明できるくらいの明快なメッセージでなければなりません。

「どこに向かうのか」「何をしたいのか」「どう変わりたいのか」「何をしてあげられるのか」「どう喜ばせるのか」

コンセプトであったり、企画のタイトルであったり、企業スローガンであったり、1行の言葉主導で、「その先の斬新な発想」に磨きをかけることができるのです。

□ あらためて言葉化する意義を整理すると──

想いを言葉化することの意義をあらためて確認してみましょう。言葉化は、

①思考をみんなと共有化する

②すべての行動の指針とする

③方向性、立ち位置を示す

④他との違い（差別化）を明確にする

⑤次の戦術展開への出発点となる

⑥目的が明確になり、モチベーションを高める

⑦中心核が見え、次々にイメージが湧きやすくなる

などなど、「1行の言葉」があることで、人を巻き込み、ビジネスを一気に活性化させる予感すら感じてきます。

□ 言葉化とは「想い」にタイトルをつけること

例えば、アメリカの百貨店「ノードストローム」の企業コンセプトは、次のように掲げられています。

「1人の顧客と生涯にわたってつきあう」

　この「想い」に、

・顧客が喜ぶなら、店員の判断で何をしてもいい

・どんな場合でも決めるのはあなた（店員）だ

・顧客がボスだ、他店の品でも返品自由

・顧客をハッピーにするならどんなことでもいとわない

・顧客はビジネスを動かす一員です

といった社員1人ひとりが企業を代表するような行動の姿勢が生まれています。

　言葉（コンセプト）を掲げ、行動することにより、生涯顧客化の企業文化が確立していくのです。

　前ページの①〜⑦と照らし合わせてみてください。

　どこに向かうのか、どうなりたいのか、1行の言葉の持つ力で全体を引っ張っていくのです。

　よく日本の企業で掲げられている「顧客第一」「顧客尊重」では、企業の「想い」が社内にも社外にも伝わりません。

　言葉化とは、「想い」にタイトルをつけること。そして、その想いの深さに、言葉の表現力が関わっているのです。人間は何によって共感し、何によって動かされるのか、といえば言葉です。

　ビジネスのキーメッセージは、単なる符号でも飾りでもありません。ひと言で、「相手の心の中に、新しい意味」を送り込んで、深く刺さり込む言葉が理想です。

□「想い」が強ければ言葉に表れてくる

　「想う」（コンセプト）ことと、「創る」（言葉化）ことを、次のように考えてみました。創造的プランニングの基本のひとつでもある「WHAT」と「HOW」。「何を言うか」と、「どう言うか」の関係です。想いを言葉

化する例を、良品計画（無印良品）で図式化してみました。

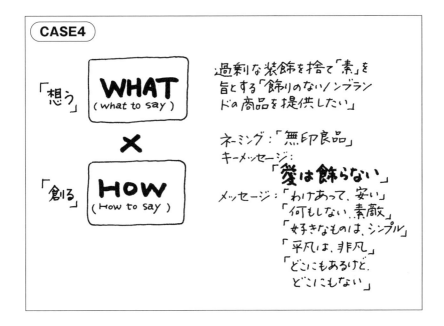

　このように思いを言葉化することで、あらゆるビジネスの起点となるキーメッセージが生まれてきます。

　ここで大事なのは、「WHAT」自体に新しさ、独自性が求められていることです。夢がない、ワクワクしない、となればHOWも当然、つまらなくなります。

　発想がユニークであり、想いが深ければ、言葉に「優しさ」がついてきます。

　「優しさ」とは、こういうことです。

　プランニングでは前例のない主張や提案を最大の目標にするのですから、本質的にわかりやすいことが大前提です。そのため言葉の表現力とは、技巧の限りをつくすことでも、言葉を飾ることでもありません。

　「わかるね」「こんなこともあるのか」「気がつかなかった」と、そんな気持ちにさせる優しい言葉になるかどうかなのです。

　上の「CASE4」にあげた無印良品のキーメッセージには、頭でなく

心の底から素直にうなずけます。

　では、あなたなら次のキーメッセージ（言葉）のどちらにリアリティを感じ、人の心を動かすと考えますか。1行のスローガンですが、言葉には企業の姿勢が見事に出てくるものなのです。

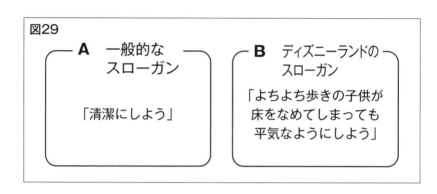

図29

A　一般的な
　　スローガン

「清潔にしよう」

B　ディズニーランドの
　　スローガン

「よちよち歩きの子供が
　床をなめてしまっても
　平気なようにしよう」

□ 本当に、この言葉で人が集まるのか

　会社の中には人まかせにしてキーメッセージをつくり、実態にそぐわず、飾り物になっている例も多々あります。

　キーメッセージは、それぞれの目的の中で自らの「想い」と、新しい提案性からつくられるものです。

　それは、①企業の文化や体質の中にある言葉か、②具体的な行動につながる言葉か、③「昨日・今日・明日」をつないで考えた言葉か、④努力目標となり本当に実現できる言葉か、が大切になります。

　あらためて「いいメッセージとは」──図30を参考にしてください。

　ようするにキーメッセージは、点のように見えても線になり、面となり、とてつもない爆発力を持っているものなのです。だからマネジメントの、戦略・戦術の、キャンペーンの、広告のキーとなり、全体のど真ん中にいて欠くことのできない存在なのです。

図30

人を動かす「いいキーメッセージ」とは

❶ 短い言葉で伝える力を持つ
（本質をひと言で突く、インパクトがある）

❷ メッセージ性がある
（新しい提案、視点、発見がある）

❸ 書くから「約束」が生まれる
（書くとはコミットすること。約束につながる）

❹ 本質がわかりやすく表されている
（何が言いたいのか、どうしたいのか、はっきりしている）

❺ 相手への想いがある
（幸せや喜びに触れる、心情の発信がある）

❻ ストーリー性がある
（次々と物語の展開イメージが読める）

❼ 戦略性がある
（全体から見た一貫性、継続性がある）

❽ 行動のシンボルとなる
（旗振り役、共有化、一体となる、集約される）

❾ 個性がある、差別化がある
（ホカとの違いが競争力となる）

❿ ブランドメージにつながる
（すべての行動に伴い、イメージ資産になる）

② ｜ ❺ （コツ5） ストーリー

人との共通の体験をつくる

□ 課題解決にストーリーが効く

プランニングの仕事の大半が課題解決です。その解決法に欠かせないコツがあります。

それは、ストーリーづくりであったり、1枚の絵づくりであったりしますが、それらを実現するには「視覚化」が不可欠になります。なぜなら、プランニングの背景には、①混沌社会（答えの見えにくい）、②差別化・個性化（ここしか競争力にならない）、③モノよりコト（意味を買う・付加価値を買う）、④「好き！」の持続（ブランドの継続）という、一筋縄では解決できない要因が横たわっているからです。

こうした状況の中でのプランニングは、全体から新しいストーリーを構想する「包括的思考」が必要になります。包括的思考とは、「一見バラバラな概念を一度俯瞰し、全体から見て新しい概念やストーリー構想を生み出すための思考方法」です。

俯瞰して新しい価値観を発見し、モノゴトを未来に向けどう展開するか。物語化することで人々と考えを共有し、共感へとつなげていきます。

□ カギを握るのは「俯瞰すること」と「共感性」

「もうほしいものはない」「何を買っても違いはない」──。

欲望の薄い時代の中では、商品をアピールしても売れません。だから人に焦点を当て、モノでなく、人との共通の体験を売っていこう…。ユーザーと語り、わかりあう共感を売っていこう…。そのためにストーリーや仮説やゴールイメージに共感できる視覚化が必要なのです。

データ、分析、論理の「その先」を描くために、「デザイン思考」が問われるのも、こうした「その先を描くストーリー」が求められているからです。「CASE 5」からストーリーづくりをイメージしてください。

CASE5

資生堂「TSUBAKI」

　ヘアケアのマーケットシェア（当時4位）を引き上げるために、ヘアケアの枠を超えた社会性あるストーリーで展開。商品開発の差別化競争にとどまらず、「日本の女性は美しい」というテーマで美のナショナリズムに訴えるキャンペーンで悩みの4位からの逆転に成功する。

　しかも、女性のハートをくすぐるストーリーで、資生堂のブランド力を一気に高めることにも成功する。

サントリー「伊右衛門」

　緑茶市場のシェアアップ（4位）のために、従来の差別化競争をやめ、ブランドストーリーの展開を。老舗・福寿園と頑固な職人の世界を描くストーリーが共感され、ベストセラーとなる（65ページ参照）。

ロッテビスケットの神話づくり

　私はロッテビスケット新発売のプランニングで、こんな絵を空中に描きました。

　「フランスの片田舎で、評判の手づくりビスケットを焼く、ミシェルおばさんと孫たちの物語」です。まったく仮想の人たちですが、ロッテのビスケットの「素材・配合・焼き」の商品のこだわりと、手づくりの愛情を伝える世界観を、一緒に合わせてみました。

　「小麦畑の中の小さな一軒の農家で、ミシェルおばさん自慢のビスケットづくりが始まっている。代々伝わる石窯から香ばしい匂いが漂い、早くも孫たちの歓声が上がる…」

　このストーリーがあることで、商品名もイメージもキャラクターも販促も次々に決まっていくのです。

　企業の悩み解決のために自社の事情や環境の中で考えていても、誰も振り向いてくれません。そんな中、人々の共感性に訴えた提案性あるストーリーなら、簡単に印象的に覚えてもらえます。まず、頭の中に1枚の絵を描く習慣をつけましょう。あなた自身の中に絵が生まれ、それを物語として動かすから、オリジナルという独創性が育ってくるのです。

〈ストーリーづくりの４つのポイント〉

①俯瞰して創る、解決策のストーリー

　（点でなく大きな傘の中でモノゴトを見ると、新たな価値を発見しやすい。小さな悩みを超越し、もっと大きな世界観を提案する）

②ポジティブな視点に切り替える

　（個別のネガティブ対応でなく、全体で幸せづくりを目指すストーリー）

③人々と一体となる共感性を探す

　（「こうなってほしい」「こうしてあげたい」「こうなるといいね」と、人間の情緒的な共感性を創る）

④短く、わかりやすいストーリー

　（ビジネスで使われるストーリーは、できるだけシンプルに、幸せな展開が読めるように。一瞬でイメージが広がるのがいい）

□ 頭の中に「絵」があるか？　ストーリーがあるか？

　「考え方はわかった。それを１枚の絵にしたら、どんな世界になるのか」と、徹底的に１枚の絵にこだわる先輩がいました。

　彼は情報や理屈だけでもっともらしく組み立てる制作者を認めません。正しい論理があっても、絵が浮かばない、映像が動いていかない、イメージが拡がらない、人との関わりが見えない…これでは相手の共感は得られません。同じ舞台の上に立っていないのですから。

　広告制作の現場では、当然のようにデザイナーとコピーライターとのキャッチボールがあります。デザイナーが絵を考えながら言葉を、コピーライターは言葉を探しながら絵を…と、実は２人の頭の中に共通の世界を探しているのです。

　考えるとは、ストーリーを考えることであり、イメージの世界を描くこと、ゴールイメージをつくること、仮説を立てることでもあります。必ず１枚の絵なり、物語なりがついてまわります。それが初めにあることによって、チームとの共同作業はさらに斬新な展開が期待できるようになるのです。

□ ビジネスで求められる「視覚化できる人」

「パッと視覚化し、まとめてくれる人がいるかいないかで、技術のチームコンセンサスとか、意欲とか、やる気が決定的に違ってくるのです。それがイマジネーションマネジメントです」（石井威望氏・東京大学名誉教授）

複雑な課題を飲み込んだ上で、「こんなイメージの世界でやってみよう！」と、空中にポーンと絵を描くことができるような人です。このイメージが浮かび上がると突然、足かせが解け、いっせいに会議は動き出します。

最初の絵にみるみる色がつけられ、またイメージに触発されて別のアイディアが上乗せされていくものです。

CASE6

新しく誕生した「国立競技場」の例です。コンセプトは、「そうだ、木と緑にあふれた『杜のスタジアム』をつくろう」
（隈研吾氏）

〈このコンセプトから次々に発想へ〉
・和の雰囲気で、日本のアイデンティティそのものをつくりたい
・日本の伝統技法と素材をフルに使って
・それには、47都道府県から木材を調達しよう
・「軒びさし」「縦格子」「植栽」
・「木漏れ日の観客席」、屋上空間、「空の杜」
・観客席に「風の道」を
　　視覚化された1枚の絵「杜のスタジアム」があるからこそアイディアが次々と拡がったのでしょう。

□ どう、ポジティブなストーリーに創り変えるか

私たちのプランニングは、課題解決であることが多い。この問題や悩みの多いネガティブな状態を、どうポジティブなストーリーに創り変え

てあげるかです。

　ネガをポジに…それには悩みそのものに対応するのではなく、**一度俯瞰してみて新たな存在価値を創り出す**のです。伝えたい、アピールしたいモノそのものとの対決ではなく、「人の幸せを創る・社会の幸せを創る」ストーリーに創り変える視点を持つことで、ポジティブ発想が生まれてきます。

　93ページの「CASE5」に見るように、「TSUBAKI」も「伊右衛門」もシェア4位と伸び悩むネガティブな状況でした。この事実を認めた上で、ポジティブなストーリー展開で解決したのです。

　伊右衛門で言えば、あらためて「お茶は工業製品じゃない。日本人の心そのものだ」という認識に立ち、そのために「百年品質・上質緑茶」をコンセプトに、新たな総合的な戦い方に切り換えたのです。

　もちろん商品もこのストーリーに合わせて再構築するのは当然。しかし、まずストーリーありきの戦略でなければいけません。ご存知のように今でも「伊右衛門」は老舗職人のストーリーを資産にして戦い続けていられるのです。

②-⑥ コツ6 コラボレーション発想

目的はイノベーション、手段はコラボ

□ 外のリソースを使う

効果・効能やスペックでの差別化を追求し続けていたら、オーバースペックだと相手にされない…。「必要十分で低価格がベスト」とアジアのボリュームゾーンは言う。家電も半導体も、大企業ですらアジア市場への対応に苦悩している話をよく聞きます。

第1章でも述べたように、「生きるとは、変わること」です。今のやり方でやるから、問題が山積みになっていくのです。立っている位置を変えましょう。従来の延長線上で考えていたのでは、変化は起こせません。微差の競争（性能、精度、イメージ）では、すぐに追いつかれてしまいます。つくったモノは余り、陳腐化して企業も疲れ果てていくだけです。

そこでコラボレーション発想です。

従来の創造的思考の中に、もっと「外」のリソース（資産）を使ってコラボレーションしてほしい、もっと異質な「外」とのコラボレーションをしてほしい、と外への視点を強める意識改革をおすすめします。

□ 仕事のヒントは90%外にある

ピーター・ドラッカー氏の著書『創造する経営者』（ダイヤモンド社）に、「イノベーションの90％が、外部の知恵と共同作業の産物だ」という言葉がありました。また、「イノベーションは既存のモノの組み合わせである。既存のモノを上手に組み合わせて化学変化を起こす…これこそがイノベーションの真髄だ」とも。

そのためにも、変化させるには「外」の力が必要です。外の力によって破壊し、創造する、チャンスとエネルギーがもらえます。図31に2つの「外」をイメージしてみました。

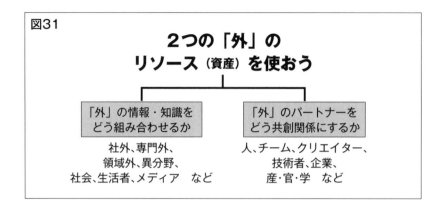

図31

2つの「外」の
リソース（資産）を使おう

「外」の情報・知識を どう組み合わせるか	「外」のパートナーを どう共創関係にするか
社外、専門外、 領域外、異分野、 社会、生活者、メディア　など	人、チーム、クリエイター、 技術者、企業、 産・官・学　など

　一見、無関係な情報や人材に目を移し、あえて意外な者同士を組み合わせてみる。イノベーションは、こうした外とのぶつかり合いから想定外を生み出すのです。

□「オープン・ノベーション」の時代

　今、ビジネス社会で「オープン・イノベーション」という開放的な姿勢が強く求められています。ビジネスを強くするアイディアを、もっと積極的に外に求めていこう、という姿勢です。

　これは何も技術に関連する理論や手法のことだけではありません。日常の問題解決のアイディア開発にとっても、新しい進め方でより良い変化をつくるために問われています。

　すべて自分の領域の中で、自社内でやるのではなく、「自分の仕事にとって一番いいものは何か」という開かれた姿勢を持ちたいものです。

　「仕事のヒントの90％は外にある」という言葉も、変革を前にして、閉じられた中での発想に限界があるからです。

□「コラボレーション」で革新

　外への開かれた姿勢が革新につながる…と、「コラボレーション」が加速しています。もっと外の知恵を、もっと外の刺激を、とビジネス社会はコラボレーションに新しい解釈を広げているのです。

　図32にあるように、単なるパートナーとしての協働、共同ではなく、

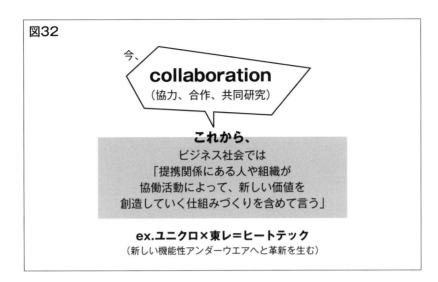

図32

今、

collaboration
（協力、合作、共同研究）

これから、
ビジネス社会では
「提携関係にある人や組織が
協働活動によって、新しい価値を
創造していく仕組みづくりを含めて言う」

ex.ユニクロ×東レ＝ヒートテック
（新しい機能性アンダーウエアへと革新を生む）

「ビジネスの変化に対応する課題解決の方法」へ。さらに「革新への強力な手法」として、仕組みづくりを含めた戦略になってきています。

　双方の持つ卓越した力をコラボし、①どう新しい可能性を引き出せるか。②どう個性あるストーリーづくりができるか。③どう競争力のあるビジネスを展開できるか。自社だけでは、業界の常識や枠組みにとらわれがちで、どうしても突破力に欠けます。

　今、うまくいっているビジネスモデルにも不安がつきまといます。いつか陳腐化するという危機意識と、持続的成長のために、という未来志向が相まって、コラボレーションは新しい意味を持つのです。

□ 異質を楽しむ体質づくり

　現場時代、「異質を愛せ！」を口グセにしていた局長がいました。

　外との組み合わせが予想外の発見につながること、思わぬ創造性を刺激することが期待できるからです。そして、外の人、外の情報、外の空気、外の業界…と、得体の知れない外との接点を楽しむ体質づくりを狙っていました。

　例えば、異質な人との接点は、異質な領域に挑戦することと同じです。新鮮さもあって、ぶつかるほどに新しい反応が起こります。そこに、新

しい気づきや切り口や、想定外の発見を生む効果が大きいからです

　とくに、この局長の下では、様々な作業でのチーム編成でも、「異質」
を意識させられました。顔なじみのメンバーと組むのではなく、違和感
を感じるくらいのメンバー構成。外部のアーティストであったり、技術
者であったり…。リスクはあっても、化学変化を期待できるからです。

　それは、単に広告表現の新しさを狙ってのことではありません。いつ
もの顔ぶれでは、変化や革新を望む依頼主の関心に合わなくなっている
からです。

　すべてのビジネスがIT化やグローバル化でオープンになり、多様な
課題が次々に私たちに入ってきます。この多様性に対応できる準備とし
て、図33にあるように、「外はみんな味方」という意識を持ちたいもの
です。

図33

逆転の発想

外は敵ではなく、
外はみんな味方

戦う「条件、前提」が
コロコロ変わる時代
だからこそ
**自在な「外」という
味方をつくろう**

□「コラボ発想」…新しい習慣を身につけよう

　図34は、ビジネス社会で身につけてほしい、発想の行動指針です。

　発想法の原理原則は変わらなくても、時代への対応の仕方、動かし方
は変わっていきます。個人のリソース（資産）だけでは、世の中の課題
解決には対応しきれません。「コラボ発想」という新しい習慣を身につ

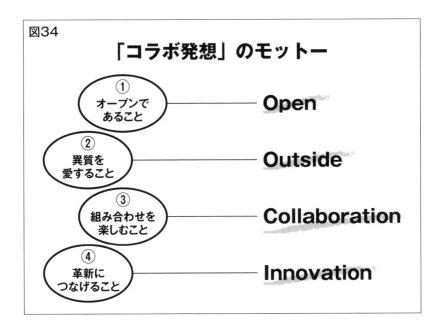

図34　「コラボ発想」のモットー

① オープンであること ―― **Open**

② 異質を愛すること ―― **Outside**

③ 組み合わせを楽しむこと ―― **Collaboration**

④ 革新につなげること ―― **Innovation**

けたいものです。コラボ発想を身につけるためには、

①オープンであること

　閉じこもっていないか。枠組みの中だけで動いていないか。居心地のいいところに座っていないか。自ら違った環境を求めて外に出ましょう。

②異質を愛すること

　常日頃つき合いのある、わかり合え計算できるヒトでなく、意図的に異質を求める。好奇心を持ち、刺激を受け、変わることを面白がる。「ホカとの違いを創る」には、違いを愛する姿勢が必要です。

③組み合わせを楽しむこと

　情報や事実をそのままでは何の価値も生みません。異質な組み合わせがあって初めて価値を生みます。とくに意外性ある組み合わせほど、新奇性があり感動を呼びます。発想の原点です。

④革新につなげること

　今の立ち位置で考えるかぎり「MAKE NEW」になりません。グレードアップは革新じゃない。新しい価値づくりで人を喜ばせたい…それには本質を変える覚悟が問われます。

③ 「6つのコツ」で、つねに戦略発想

俯瞰して全体設計図を描くのが理想

□ 専門力ではなく総合力

ビジネス社会で求められるプランナーは、単なるアイディアマンではありません。

「何らかの形でビジネスの課題解決をする人」なのです。ビジネス課題を見つけ、考え、行動し、解決へと導く人です。

そうなると、自分自身の専門力、専門範囲内でアイディアを出すレベルを超えています。複雑で多様な世の中を相手にするには、総合力がどうしても必要になります。

単発のアイディア出しと違って、課題解決のためのプランニングは戦略的発想が前提となります。俯瞰し、全体的な設計図を描いて、個々に動かしていく…。あらためて言うまでもなく、「戦略・戦術」の一体化です。1つの全体、1つのシステムを描き、その先の展開を読む先回りの構想力が求められるのです。

□ 戦略・戦術の意味を知ってほしい

社内でも、世の中でも、一般的に「戦略・戦術」という言葉が使われています。しかし、プランニングでは、もっと深い意味を知った上で使ってほしいと考えています。

全体構想の中心で、一番アクティブで行動・成果につなぐための重要なパートだからです。

〈戦略・戦術とは〉

戦略や戦術という用語は、もともと戦争や政治闘争の用語として古くから使われていました。現在では、経営手法や市場攻略のための手法としての意味でも使われています。

あらためて辞書的な意味としては――、

〈戦略〉は戦争、政治闘争、社会運動等で、敵に勝つための大規模で総合的なはかりごと（長期的、全体的展望に立った闘争の準備、計画、運用の方法）とあります。

〈戦術〉は、相手を負かしたり、目的を達成するための具体的な手段・方法（戦略の具体的遂行の手段・方法）です。

これをビジネスの現場感覚で言えば――、

〈戦略〉は、企業が長期的・全体的な展望に立って競争に勝つための統合的な計画、発想、意志で、狙いの大きさが問われます。

〈戦術〉は、上記の戦略を遂行するために必要な、個々の課題解決のための具体的なアクションプラン（戦略の意志を反映させた実行計画の手段）です。知恵と精度と実践力が問われます。

□ 戦略は戦術に発展して市場に姿を現す

このように、戦略と戦術は一体化されたシステムとなって、成果を目指します。こうした概念がマーケティングに取り入れられ、統合的な「売れる仕組みづくり」へと進化してきました。

当然、マーケティング戦略は、トータルな設計図を描くことから徐々にブレークダウンし、個々の具体策を設計する構造になっています。こうした一体化のシステムだということを認識して戦う発想が、とても重要になるのです。

経営で目につくのは戦術への対応です。そこには長期的な企業戦略が見当たりません。そう感じるのは私だけでしょうか。たしかに、改良も改善もグレードアップもあります。しかし今の延長線の上で走っているように見えてしまいます。本書で何度も語っている「生きるとは、変わること」は、新型コロナ以後ますます問われていくのでしょう。

次ページ以降の2つの例は、戦略と戦術を1枚の設計図にして、頭の中を整理しています。1枚で「こんな方向で行こうよ！」と全体を見せ、スタッフ全員に共有してもらいます。

※福島県の例は、東日本大震災前の企画。途中、トップ交代により中止になり、試案となってしまいました。

> **CASE7** プランニングの例①
> # 福島県のブランディング試案

□ 住む人に誇りを。来る人にあこがれを

　「福島県のブランディング」とは、1つのビジョン（あるべき姿）を掲げた、福島の幸せづくりであり、21世紀の暮らし方の提案なのではないか、と考えました。どこの県のブランドづくりも、アイデンティティづくりも、無数にある小さな魅力探しに振り回され、間違いではないけど、どこか腑に落ちません。

　「らしさ」は、あらためて創り出すもので、そのために鳥の目・虫の目で兆しを見つけることが大事です。

　「俯瞰して核を見つけ、その核を未来に向けて膨らませていく…」。そこに年を経るほど福島が輝いていく、というストーリーが見えていることが私の中での前提です。

□ 「新・田園生活運動」の提案

　気候・風土・文化・歴史・暮らし等、福島のあらゆる資源の可能性を引き出すこと。さらに21世紀の最大のテーマである環境を視野に入れ、人づくり、暮らしづくり、生きがいづくりの運動にしてみたい。

　それが「新・田園生活運動」であり、運動を通して福島独自の田園生活文化（カントリーカルチャー）の創造を考えてみました。

　「森にしずむ都市・福島」を掲げるスローガンは、早くからありました。この姿勢を活かしながら、自分なりの提案ができるか。福島県と一体となって向き合い、ムーブメントを起こせる仕組みになるのか。単なるスローガンとポスターだけの提案にはしたくなかったのです。

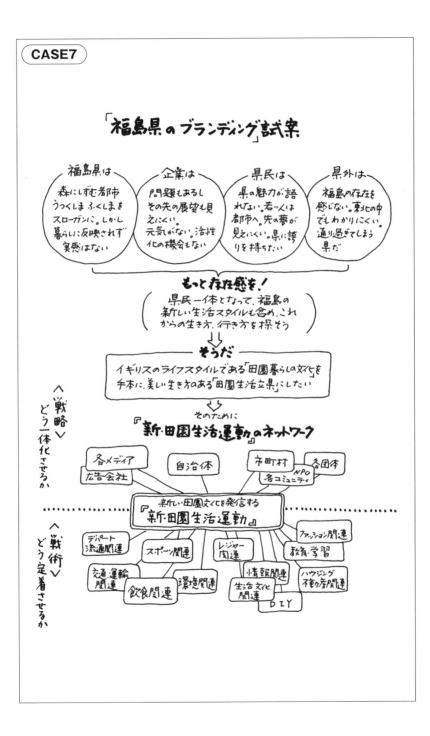

CASE7

「福島県の ブランディング」試案

福島県は
森にしずむ都市
うつくしま ふくしまを
スローガンに。しかし
暮らしに反映されず
実感はない

企業は
問題もあるし
その先の展望も見
えにくい。
元気がない。活性
化の機会もない

県民は
県の魅力が語
れない。若い人は
都市へ。先の夢が
見えにくい。県に誇
りを持ちたい

県外は
福島の存在を
感じない。東北の中
でもわかりにくい。
通り過ぎてしまう
県だ

もっと存在感を！
県民一体となって、福島の
新しい生活スタイルも含め、これ
からの生き方、行き方を探そう

そうだ
イギリスのライフスタイルである「田園暮らしの文化」を
手本に、美しい生き方のある「田園生活立県」にしたい

そのために
『新・田園生活運動』のネットワーク

〈戦略〉
どう一体化させるか

各メディア
広告会社
自治体
市町村
NPO
各コミュニティ
各団体

新しい田園文化を発信する
『新・田園生活運動』

〈戦術〉
どう定着させるか

デパート
流通関連
スポーツ関連
レジャー
関連
ファッション関連
教育学習

交通運輸
関連
飲食関連
環境関連
生活文化
関連
DIY
情報関連
ハウジング
不動産関連

105

□ 田園生活のモデルはイギリスにあった

イギリスでは「田園生活の理想」を追い続け、いまだ貴族や紳士のライフスタイルは、カントリーライフそのものです。週末の田園生活は趣味とともにあり、趣味はコミュニティを生み、そこには自然への精神文化が育っています。「自然と人間との調和」の良き手本が、田園の国イギリスなのです。

こうした手本を片手に、福島独自の田園文化をどうカタチづくっていくか…。自治体、メディア、各企業、市民団体を巻き込んだ運動体を提案してみました。「CASE7」は、企画書から抜粋した1枚の絵で、ここから具体案（戦術）へと、いっきに進みました。

CASE8 プランニングの例②
弓削島の「（株）しまの会社」のブランディング

□ 弓削島を俯瞰して見る

「しまの会社で弓削島おこし」と、メディアでも取り上げられた、愛媛県瀬戸内海・弓削島の「㈱しまの会社」。会社は、島民の、島民による、島民のための会社としてスタートしていました。

私への依頼は、企業コンセプトづくりでした。いつものように島中を駆け巡り、会社のトップから島の歴史、環境、生活を支える仕事、暮らし方、食生活、経済状況、県との関わり、島々との連携…などをヒアリング。あらためて会社の理念やビジネス状況を聞く中で、気になる点があり、その課題をクリアしながら、企業自体の活性化につなげるためのストーリーを描いてみました。「CASE8」です。

□「どうなりたいのか」「何が足りないのか」

①「しまの会社」の軸となる「ビジネスコア」と、
②独自の「ビジネスモデル」

が、自立環境型の弓削島になるためにはどうしても必要です。

それにはまず、島の内・外での求心力となるスターを創ろう。それを

CASE8

『「㈱しまの会社」のスターづくり』

1. 問題

- 弓削には、いろいろな商材はあるが、とびぬけた軸がない
- 全体を動かす仕組みがない この先どう展開するか、先が見えない

2. 課題創造

「ビジネスの核づくり」

島の魅力、島の誇りとなるビジネスコアの開発と、展開ストーリーを描くこと（新しい価値の創造を）

3. コンセプト（新しい価値観）

弓削の『摘み菜物語』

古くから食卓にある摘み菜にスポットを当て、新カテゴリーで登場させる

その展開の軸として、弓削のおもてなし料理にもなる22品の小皿料理を開発。

ネーミング：「摘み菜模様」（22品）

→ イメージ図

```
        STEP
         ①
        摘み菜
        小皿料理
       ───────
         STEP
          ②
     摘み菜が主役の
    オリジナル商品開発
    ─────────────
         STEP
          ③
    助役だが摘み菜を加える
   ことで価値を増す食品・生活用品
   ───────────────────
         STEP
          ④
   摘み菜をテーマに、生活に喜び、楽し
   みを提供するイベント、ツアー企画、文化活動
```

4. なぜ「摘み菜」か

- 摘み菜は、天然で、自生のパワーを持ち、知るほどに魅力を増す
- 食材として多彩。弓削の山にも海にもある天然の野菜
- 料理法、食べ方などの家庭もわかり知恵もある
  - 子供の学習体験もある
  - その成果は図鑑「弓削の摘み菜集」となり、町の資産となる

5. 「摘み菜物語」を確立し、さらなるマーケティングの展開へ。

6. 「しまの会社」のビジネススタンス：「島の資源を再発見し、新たな価値を創り、島の資産の拡大を図る会社」と位置づける。

107

発展させ、どう稼ぎ続けられるか、その仕組みも必要です。

　島の人が誇りを持てる、島外の人々から魅力的に見える、弓削の新しい価値となるスターを創り出すことが緊急の課題と考えました。オリーブの小豆島、椿の大島のように。といって瀬戸内のいたるところにある柑橘類では競争にならないし…。生き方、暮らし方、文化、歴史を踏まえた上での資産づくりが不可欠です。

□ 弓削の「摘み菜物語」を売ろう

　そこで、弓削島に自生する「摘み菜」を戦略商品とし、そこから生まれるストーリーを次々に展開させ、物語を売っていこう。畑の野菜でもない、摘み草でもない、海草でもない、島内の山・海に自生する摘み菜を「山の野菜・海の野菜」として商品化。新しいカテゴリーとして確立していこう、と図にあるように次々と展開させていきます。

　自然、健康、長生、安全、香り、地のもの、無添加…と人間のエナジーを引き出す魅力に満ちあふれ、島の暮らしの中では欠かせない食材に光を当てることから始めました。そして健康志向、スローフードに対応したメッセージを添えて…。

　ニッポンのいいもの再発見のひとつとして、これを「しまの会社」のビジネスコアに育てていくのです。

第4章

プランニングの実践

基本型を身につけ、自分らしさへ

① プランニングのための「設計図」を持とう

テーマに合わせた９つのプランニング・フロー

☐ レシピは料理人の資産

料理人は必ずレシピを持っています。ベストな一皿のための料理のつくり方であり、処方箋です。資産と言ってもよいでしょう。

しかし、同じレシピを使っても料理人が違えば同じ一皿には絶対にならないと言います。素材、調理、時間、タイミング、調味料、ひと手間…と、すべてに微妙な差が重なり、違った「うまさ」になってきます。

レシピはあくまでもレシピ。料理人の持っているものの中でしか「直感」は働かないし、自ら持っている体験が増えるほどに、味わいが変わってくるのでしょう。しかしレシピは、つねに「基本の一皿」のためのガイドラインとして、絶対不可欠なのです。

☐ 恥ずかしくないプランニングのための設計図

当然、プランニングをする上でも、基本のレシピは必要です。料理人が「資産」と言うほどの感覚はなくても、手元には置いておきたいもの。なぜなら、つねにあいまいで変わり続ける「創造」の世界だからこそ、ブレない本質を押さえておくべきだからです。

基本を外さず、ブレず、レベルダウンをさせず、**「品質と自分らしさ」**
を維持するために、プランニングの設計図が求められます。図35の
MENUに挙げた９つのワークフローは、とくにプランニングのスタートである、「この問題の本質は何か」に軸足を置いています。

実は、プランニングで一番やっかいなことは、
・何が課題なのか
・どうしてほしいのか
・どうなりたいのか

図35

プランニングの設計図・MENU

① 新規の仕事の発想法
「私のプランニングスタイル」

② 知恵の出し方・教え方
「アイディアのつくり方」

③ 新しい価値観づくり
「コンセプトメイキング・フロー」

④ 毎日の悩み解決法
「課題解決の5STEP」

⑤ 全体発想のデザイニング
「プランニングの7STEP」

⑥ 戦略発想で課題解決
「マーケティング発想フロー」

⑦ 愛される企業ブランドづくり
「ブランディングプロセス」

⑧ 悩みの本質発見法
「ドクタースタイルのプランニング」

⑨ 総合的クリエイティブの戦略書
「クリエイティブ・ブリーフ」

これらの核心部分が、意外に大切にされていないし、表に現れてこないことです。「何が悩みの本質なのか」。この核心を突いているかぎり、プランニングに大きなブレはありません。そして、その先のアイディアに期待が持ててくるのです。

この根っこを外してしまうと、相手との共通認識がスタートからズレてしまうことになります。

□ 多彩な９枚のプランニング・フロー

１人ひとりの仕事が多様になり、仕事の内容もやり方もテーマに合わせて自らが対応を変えていくことを求められています。何をどこから、どう進め、周りとどう共有化し、どんなレベルに高めていかないといけないのか。

答えを導くフローではありませんが、この９枚のフローがあると、以下の点が見えるようになり、かなり余裕を持ってスタートできます。

①作業全体を把握できる。いつ、どの段階で何をしないといけないか。

②押さえるべきことは何かがわかる。

③全体像を１枚のシートに入れ、頭の中を整理できる。

④何を準備しないといけないか。

⑤作業フローを叩き台にして攻め方を変えていく。

⑥チームで作業の流れを共有化する。

１枚のフローで、仕事の全体像が見え、頭の中が整理でき、チーム作業の共有化にも効果を発揮します。１枚横にあるだけで安心できます。

私の例で言えば、新人コピーライターでスタートした時は、「言葉」に向き合うだけでした。しだいに「広告」を創るようになると、広告で担当商品を、知らせ・動かし・評判をとるための戦略を考えるようになります。さらにマーケティングやブランディング、問題解決・課題創造、依頼主のビジネスに関わると、仕事の面積はいっきに広がり、多様化します。しだいに川上（マネジメント）からモノゴトを見る仕事となる…。

仕事が一段と複雑な状況に置かれる時こそ、経験頼りの仕事もいいけど、変化対応にブレない基本を持っていたいと考えています。

❷ フロー1 私のプランニングスタイル

新規の仕事の発想法

□ 基本は誰にとっても変わらない

50数年間、広告やマーケティング、ブランディングに関わり、仕事の大半が「考えること」でした。メーカーと違い、商品のない広告会社にとっては、「知恵で稼げ」がテーマです。

「情報」を最大の原材料に、それを組み換え、加工し、「表現」という商品にするのです。その商品価値は、「人を動かす・モノを動かす」ことで評価されていました。

もともと広告会社は、依頼主の課題解決が仕事で、どこまでも依頼主のビジネスに貢献することを目指します。コピーライターが、表現屋やモノ書きであってはならないのです。

博報堂が「マーケティング＆コミュニケーションの専門会社」とコンセプトを掲げたのも、1960年代でした。ビジネスパートナーへの意識が高まった頃です。

こうした状況の中で、私自身がどのように考え、プランニングをしてきたか、を問うと、昔も今も変わりません。115ページ図の流れです。これも117ページ②「アイディアのつくり方」とほぼ同じ。また、仲間のスタイルも似たりよったり。プランニングや発想法の基本は誰にとっても変わらないということだと思います。

□ プランニングはスタートが鍵を握る

「スタートが鍵を握る」

これは、アメリカの広告代理店CEOの話ですが、今も私のプランニングスタイルの一部として心しています。

まずスタートです。「発見の旅」というレッグワークの情報収集をします。レッグワークとは、自分自身の足で歩いて情報を集めることです。

新しい仕事には３週間のレッグワークと決めています。課題を取り巻く状況を完全に理解するまでは、すでに述べたようにアイディアのひとかけらも心に浮かばないように、きつくいましめています。

　そうしないと、現在の事実をベースにしたキャンペーンを考えるというより、「キャンペーンに事実を合わせてしまう」企画になるからです。

　何の情報収集もしていない自分の〝思い込み〟の中では、過去の延長線上で考えているようなもので、けっして新しい発想は生み出せません。足元に情報が集まるほどに、全体が見え、何が必要か、どうなるといいのかが見えてくるものです。

　「創造する」とは「発見する」と置き換えてもいいのです。今でも、仕事の70％は情報収集にあてて、「必ず、何か発見を！」という気持ちで仕事をしています。

□ 大きな紙を使った発想法

　私の仕事の特徴は、図36プランニングスタイルの③「大きな白い紙に書く」です。とり立てて珍しくありませんが、強いて言えば数十年もやっているアナログのスタイルでしょうか。

　会社では会議室に模造紙を何枚も貼り、日を追うごとに情報だらけにする。貼ってそのまま置くから、チームの誰彼となく書き加える。全員が見られるから方向性も共有化できる。赤字（修正）は入るが、元の文字を消さないからレベルは高まっていく。

　離れて見るから客観性も出て、新しい切り口でまた情報が書き込まれていきます。現役の当時から続き、今も出先でも、紙を貼ってもらいます。

　とにかく白い大きな紙がいい。考えることも大きくなり、チマチマしない。じっと紙を見、情報があちこち結びつき、思わぬ発想へとつながる。これも大きな紙と離れて客観性を持って見ることから生まれてくるもの、と信じているからです。

・水性マーカーやサインペンで、絵を描く気分で「情報」をもて遊ぶ
・丸も三角も線も飛び交う。何でもあり
・突然、雑誌の切り抜きやイメージ写真が貼られる
・発酵させるから新しい関係が見えてくる

図36

① 私のプランニングスタイル

1 課題の確認
テーマに関連する課題の理解（ほんとうにこれが悩みか）

2 情報収集する
テーマ周辺情報＆領域外の情報収集
（専門、専門外、１次情報＝主観的情報、タウンウォッチング情報、取材。２次情報＝マスメディア、ネット、客観的調査データ　他）

3 大きな白い紙に書く
気になる情報、キーワードを群れ（関連づけ）をつくりながらも、散らかす、拡げる、描く気分で…

4 壁に貼って眺める
遠くから、客観性を持って眺める

5 組み合わせる
創造の原点。無関係、異質な情報を組み合わせ、アイディア出しをする。ストーリーづくりを楽しむ

6 発酵させる
キーワード化し、A４一枚を１案とし、候補を多く出し、壁に貼って寝かせる

7 閃く！
発想のジャンプがくる。「来たーっ！」「いけそう」

8 アイディアをまとめる
アイディアの具体化、戦略化へ

フロー2
アイディアのつくり方

知恵の出し方・教え方

□ 誰もが「アイディアマン」になる方法

　毎日のビジネスの中で大なり小なり、必ず求められるのがアイディアです。アイディアは仕事の中での解決策であり、知恵です。そしてアイディアの結晶体が、プランニングと言えましょう。

　若手と言われていたころ、「何か考えておけ！」と言われ、考えを出すと、「何にもアイディアがない」と突き返されることの連続でした。

　次々にアイディアを出す人を見ると、天才だと思い、出来が違うと羨ましくも思いました。

　アイディアは天性の才能で、天才がいきなり生み出すものだと思っていたのです。実はそうではないのです。

　一定の順序を持った流れ作業の結果、創り出されるものであることを教えてくれたのが、図37「アイディアのつくり方」です。

　もっと早く知っていれば、私の試行錯誤も少なかったはずですし、自分のレベルアップもできたし、人にわかりやすく説明もできたのに、と残念な思いをしています。

□ アイディアは汗を流した人が勝つ

　広告会社にいたジェームズ・W・ヤング氏の著書『アイデアのつくり方』（TBSブリタニカ）を参考に1枚のシートにしてみました。

　ヤング氏が社員に、「より創造的であれ」と願って、氏の経験からまとめた名著です。「原理・原則と方法」を身につけることで、アイディアは格段につくりやすくなるのは言うまでもありません。

　新しい情報価値を生むアイディアとは、「情報の組み合わせ」であると言われ、想像力は「情報の組み合わせ能力だ」と言われています。

　また、逆説的に言えば、「私たちの発想は自分たちの情報にしばられ

図37

②　アイディアのつくり方

Ⅰ　アイディア創造の原理

（1）　アイディアとは、既存の要素の新しい組み合わせである

（2）　新しい組み合わせは、物事の関連性を見つけ出す才能に依存する

Ⅱ　アイディアを作り出す方法

（1）　資料を集める
　　　①特殊資料（関連する商品・顧客・市場）
　　　②一般的資料（世の中の人生様々な出来事）

（2）　資料を咀嚼
　　　集めた資料の意味を探る。関連性を探す

（3）　発酵させる
　　　組み合わせの可能性を心の外に。自由に働かす

（4）　閃く・訪れる
　　　アイディア誕生の瞬間。天から降りるのを待つ

（5）　アイディアチェック
　　　現実に対応させる。具体化し展開させる

る」とも。たしかに、情報は新しい知恵を生む素材であり、この素材なしにはどんなプランニングもスタートできません。持っているものの中からしかアイディアは生まれないのですから。

となると「**情報の質**」（何を集めてくるか）と「**情報の量**」（どれだけ広く量を集めてくるか）、そして「**組み合わせ方**」にかかってきます。しかも組み合わせの量がポイントです。

「アイディアは量に比例する」と言われ、数をこなすほどに勘どころ（コツ）が磨かれていきます。創造力は個人の才能や感性の差ではなく、努力の差と言ってもいいのです。

フロー3
コンセプトメイキング・フロー

新しい価値観づくり

□ コンセプトとは今までにない「価値観」の提案

　今やコンセプトという言葉は、経済的・文化的活動はもとより、広く暮らしの中に入り、すっかりおなじみになりました。

　しかし、あらためてコンセプトとは何か。なぜコンセプトを決めないといけないのか。わかっているようで、自分のものになっていないことだと思います（コンセプトについては何度か触れてきましたが）。

　そもそもコンセプトとは、哲学用語で「概念」。モノはみな概念を持っています。しかし、マーケティングの世界で、競争が生まれると、同じ概念では差別化することができません。

　人々の関心事が変わってきているのに、同じ概念のままでは新しさがありません。競争力を増し、有利に先頭を走るには、概念を変え、新しい市場へと進出しなければなりません。そこで私は、1950年代に日本に伝わってきた「コンセプト」を、「新しい価値観」の提案と定義し、「新しさと提案性」をコンセプトの絶対条件と考えています。

　コンセプトは単なるテーマでもアイディアでもありませんし、メリットを意味するものでもありません。

　戦略性の高い意味づけが必要なのです。「新しくなければコンセプトではない」…ここまで強い姿勢を持って考えたいものです。

□ あくまでもコンセプトは二重性

　コンセプトというつかみどころのない概念を整理し、カタチにしてみました。右の図38のように、〈A〉と〈B〉の二重性からなり、〈A〉の企業のフィールドから客観的事実を、〈B〉の時代のフィールドから主観的真実を探り出し、〈A〉×〈B〉から新しい方向性・行き方を発見する〈C〉、言語化し、新しい概念〈D〉コンセプトを誕生させます。

図38

③ コンセントメイキング・フロー

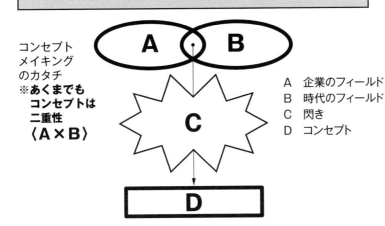

コンセプト
メイキング
のカタチ
※**あくまでも**
コンセプトは
二重性
〈A×B〉

A 企業のフィールド
B 時代のフィールド
C 閃き
D コンセプト

STEP1 〈A〉 「現状を認識する」	現状分析から何が問題で、どうしてほしいのか、なぜ問題なのか、企業は、商品は、競合は、市場は、顧客は、流通は、生活者は、店頭は、コミュニケーションは、イメージは
STEP2 〈B〉 「時代を洞察する」	今、世の中はどう動いているのか、どう変わろうとしているのか、何が悩みか深掘りをする。時代の動き、技術の進化、経済は、産業のイノベーションは、トレンドは、世界は
STEP3 〈C〉 「新しい価値観の発見」	〈A〉の企業の現場と〈B〉の時代の洞察から、新しい価値観を発見する。両方をまたがり発想を飛躍させる。グレードアップではなく、イノベーションを。概念を変えることに意味がある
STEP4 〈D〉 「言葉化する」	飛躍があり、概念を変えるのだから、新しい言葉に置き換えて、初めてコンセプトとなる。新しい視点、アプローチ、新鮮な提案性、将来のニーズを予感させるキーワードがほしい

ここのポイントは、〈A〉の企業の事情だけからコンセプトをつくると、世の中のニーズや価値観からはずれ、人々を巻き込むことができない点です。〈B〉の社会や生活者を洞察し、〈A〉×〈B〉によって新しい価値観を発見することに意味があります。

　モノ余り社会は、「作る→売る→買う」の流れが「買う→売る→作る」に逆転し、主導権は完全に「買う人」に移っています。重要な情報源は人間です。好き嫌いをはっきり表す「私生活」をどう探るか。違うものを求めているのに、その変化に気づかないと企業は変われません。
　そこで時代のフィールドを見る〈B〉の観察、洞察が必要になるのです。根底から変え、新しさを生む革新は、人間を洞察し発見することで創られます。

□ そこに新しい価値観の提案があるか

　私が初めてコンセプトに出会ったのは1960年代。当時、アメリカの広告事情を精力的に紹介していた西尾忠久氏の著書から、DDB社（ドイル・デーン・バンバック）の広告表現に横たわるコンセプトのある広告に驚いたものです。
　広告の作り手が企業の代弁者になるのではなく、作り手の視点が「商品と時代」（先述のA×Bの二重性）をまたいで鋭く切る…それが新しい価値観の提案でした。
　とくに1960年代のVW（フォルクスワーゲン）の広告シリーズです（いまだにアメリカ広告史上No.1の広告との評価）。
　当時のアメリカ社会全体の「大きいことはいいことだ」という幻想を「THINK SMALL＝小さいことが理想」のコンセプトで容赦なく壊し続けました。金持ちのシンボルである大型車の夢を見続けるアメリカンドリームに、真っ向から挑戦した輸入車でした。
　「小さいことはいいことだ」と、燃費も運転もコストも車庫も、そして何といっても「家が大きく見えます」と、次々と合理性を訴え続けたのです。それはモノと社会をまたいで、生活の批評家のようになっていたのです。

フロー4
5 課題解決の「5STEP」

毎日の悩み解決法

□「なぜ？」が見つかれば、答えは出る

ネット中心の生活をしていると、動かなくても指先ひとつで手元に「情報」「事実」は集まってきます。

「あのモノが売れている」「あの店に人は並ぶ」「あの商品が消えた」「こんなものが流行っている」…。

しかし、「考える人」にとって一番大切なことは「なぜ？」「何でこうなの？」と、この根っこをつかむことです。「何で？」が見つかれば、「だったらこうしよう」と答えは出てきます。

NHKの番組「プロフェッショナル」で、司会者がアートディレクターの佐藤可士和さんに聞きました。なぜ次々にアイディアが生まれるのか、と。彼は「相手の悩みがあるかぎり、アイディアは生まれてくる」と即答していました。同様に私たちも、仕事でまず口に出るのが「何が問題なのか。なぜ問題なのか。どこに悩みがあるのか」。悩みの本質を発見すること、ここが課題解決のスタートと考えています。

□ 毎日の悩み解決に外せないフロー

5つのSTEP（123ページ）は、課題解決の基本中の基本。プロジェクトだ、戦略だ、キャンペーンだ、といった大仕掛けの仕事ではありませんが、日常業務の中でぜひ身につけてほしいSTEPです。

今、企業の中で一番やっかいなのが、「何が問題なのか」、その本質が見えてこないことです。

いや、あえて深掘りせずスルーしているようにも思えます。情報やデータといった事実を集めることに一所懸命。しかし、それは過去のものであって、そこだけを見ていては後追いのままです。見えている事実の「その先」を読み、新しい方向性を提案することが課題解決なのです。

□ とくにSTEP3を意識する

　まずSTEP1で「今の悩みは何か」がわかり→STEP2で「それはなぜ問題なのか」が見えてきます。次にSTEP3で「そのためにどうするか」と新しい目標を設定します。ここがポイントです。

　問題を認識して、目の前の解決策を考えるか、近い将来に顕在化する課題を予測して、先回りのアプローチにするか。例えば、具体的には下図のような流れになります。

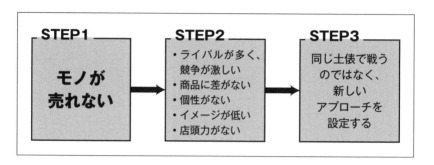

STEP1	STEP2	STEP3
モノが売れない	・ライバルが多く、競争が激しい ・商品に差がない ・個性がない ・イメージが低い ・店頭力がない	同じ土俵で戦うのではなく、新しいアプローチを設定する

　STEP2は目の前にあるものの分析で、これに対応していては悩みは永遠に続きます。できるかぎりSTEP3の新しい目標設定は、新しい「課題創造」という仕事にしたいものです。

　「売れない」その理由は複雑にからみあって、なかなか本質が見えません。そこでSTEP3で客観的に距離を置いて将来への予測をするのです。次の成長のための新しいテーマを創造し、STEP4の構想へつなげられるのが理想です。

□ 顔が見えれば、答えは出せる

　サントリーが缶コーヒーの販売に苦慮していた時、徹底して「なぜ売れないのか」を探りました。結果、商品周辺にこだわり、ターゲットがまったく見えていなかったことがわかりました。そこでターゲットを洞察し、そこから見えてきた行動派で汗をかく労働者と商品特性を結びつけ、働く人の「BOSS」が誕生。今も続くロングセラーになっています。「なぜなの？」「なぜ飲まないの？」「どう変わったらいいの？」を軸に置くことで、新しい課題創造となり、プランニングは成立しました。

図39

④　課題解決の5STEP

問題の核心（本質）をつかむことが最大のテーマ。
何を悩み、どうしたいのか。ここを発見するチカラがほしい。
悩みが見えると、アイディアは次々に生まれる。

STEP 1

現状認識「今、何が問題か」
全体を知る、探る、読む。正しい判断のために、どこまで深掘り
できるか

STEP 2

問題点把握「それは、なぜ問題か」
問題の本質は、悩みの根っこはどこに。問題の重さを見分ける視
点が決め手

STEP 3

新しい目標設定「どうなりたいの、どうしたいの」
解決のための新しい課題創造とアイディア開発。痛みがわかるほ
どに、対応とさらなる提案は出やすい

STEP 4

計画案作成「そのために、どう解決するのか」
「先に」つながるアイディアを、新しい仕組みで、全体で動かす
構想づくりへ

STEP 5

展開シナリオ「どんな成果が予測されるのか」
言葉やビジュアルで世界観を描き、みんなで共有化する。どう動
かすかストーリーを考える

⑥ （フロー5）
プランニングの「7STEP」
全体発想のデザイニング

□ 仕事の常識・プランニングの常識

　このプランニングの7STEPは、依頼主のオファー確認から実行計画までのトータルプランニングの流れです。すべての「考える人」にとって、全体構想力を身につける上で欠かせない基本型です。

　私が現場で語っていた「プランニングとは」を、ひとつのフローにしたものです。「情報を集め、問題を探り出し、仮説を立て、発酵させ、それをカタチにし、世の中に問う。この一連の流れをプランニングと言う」。これを制作の現場で言い続けたのも、単なる専門屋になってほしくなかったからです。

　ようするにコピーライターであれ、デザイナーであれ、営業であれ、すべてが依頼主のビジネスにどう貢献するか、どう得させるか、が仕事の目的だとすれば、各自の専門性だけでは仕事が進みません。

　世の中はもちろんのこと、相手のビジネス環境を知らずして広告ビジネスは成立しません。画家でもアーティストでもなく、ビジネスパーソンなのですから。こうした姿勢は広告の制作だけの問題ではありません。

□ 今、点でなく面の発想が効く

　今、時代が求めるビジネスパーソンの像が大きく変わりました。専門領域だけではモノゴトが解決しない、とても複雑で多様なソリューション型（課題解決型）の社会に移行し、**複合才能（ダブルメジャリング・多様性ある人）** を持つ全体思考の人間が求められているのです。

　STEP1「オファーの確認」の問題や悩みにストレートに反応し答え探しをするのではなく、STEP1からSTEP7までを視野に入れてプランニングすることを仕事と考えたいものです。

図40

第
4
章

プランニングの実践

⑤ プランニングの7STEP

STEP1 **オファーの確認**	・依頼主の確認 　何が悩みの本質か 　どうしたいのか。どうなりたいのか
STEP2 **環境分析**	・今、世の中は 　市場は、競合は、生活者は? 　観察、洞察、ヒアリング、ウォッチング
STEP3 **課題発見**	・問題に対して新たな課題創造 　そこに新たな機会発見 　仮説づくり、ストーリーづくり
STEP4 **コンセプト メイキング**	・新しい価値観の発見 　新しい方向、革新・改革へ 　共有の言葉化、差別化・個性化
STEP5 **課題解決**	・具体的な戦略構想 　細部にわたる個々の戦術 　アイディア、解決策、アウトプット
STEP6 **全体構想**	・全体最適 　トータルプランニング案 　実行計画&実践
STEP7 **企画書& プレゼンテーション**	・まとめ―知恵のプレゼント 　戦略書&提案書

・プランニングで、どれだけ相手に喜ばれるか
・プランニングで、どれだけビジネスに貢献できるか
・プランニングで、どれだけ世の中を巻き込めるか

　こうした発想が問われるのがSTEP3の課題発見です。STEP1、2の状況が見えてくる中で、「私ならどうしてあげられるか」「どの方向に進めてあげられるか」。この「視点」がこの先の仕事を大きく変えていきます。

　現状維持や足元の改良・改善を続けるか、その先の明日につなげる課題を見つけるか。「視点」で決まります。当然、「視点」はこれまでの知識と体験から生まれてくるものです。

□ どこに視点を置くか—そこに人と違う発見があるか

　例えば、日本コカ・コーラ「い・ろ・は・す」で見れば、ミネラルウォーター市場鈍化の中で、どうやって差別化を図るか。ライバルが自然感や採水地という土俵で戦っている中で、もっと社会との関わりの中からアプローチできないか、と。

　そこで日本コカ・コーラの視点は、「環境にいい商品を選ぶ」という新しい価値基準で提案したのです。環境意識の高まる中で、ペットボトルのエコ化を実現し（従来品と比べて40％軽量化し、簡単につぶせてボトルを絞るだけ。製造時もCO_2排出量などを軽減）、それを「い・ろ・は・す」の新しい価値にしたい…。

　結果、「これだけで世界を変える水」というコンセプトで、現在では「選ぶだけでエコになる」をスローガンで展開し、ロングセラーとなっています。このような環境という「視点」と「ペットボトル12g」の実現で、市場での競争力を高め、愛飲家に評価され、そして企業のブランド力アップにもつなげています。「視点」…それはプランナーの発想力そのものと言えましょう。

⑦ ［フロー6］ マーケティング発想フロー

戦略発想で課題解決

□ 勝つため、生きるための発想フロー

　社会や経済の仕組み、生活の価値観の変化に合わせ、マーケティングが大きく変わってきました。初めに導入された頃の、販売を軸とした「売る技術」としてのマーケティングも「売れる仕組みづくり」のための経営問題に変わっているのです。

　この「マーケティング発想フロー」は、
・マーケティングを「発想」のより所とし、マーケティングが目指す本質をプランニングに活かし、より戦略性を高めるフローです。

　プランニングの発想を、もっとマーケティングを意識し、勝つため・生きるための独創性・戦略性につなげてほしいからです。
　もともとマーケティングは誕生以来、時代のコンセプトや切り口に合わせ、提唱し、ネーミングされてきました。「ワン・トゥ・ワン・マーケティング」も「リレーションシップ・マーケティング」も「インターナル・マーケティング」も「データベース・マーケティング」も。また最近の「グリーン・マーケティング」「エコ・マーケティング」「ソーシャル・マーケティング」も、時代の兆しから生まれてきました。
　しかし、私のプランニングの経験から、その本質は、以下の2つを押さえることで成立していると思っています。

①**顧客本位の発想**（企業活動の原点）
「本気で相手のことを考えたのか」
②**あらゆる機能の戦略化**（企業活動の総合力）
「これで人を動かすことができるのか」

であり、「変化対応のマネジメント」はこの２つで支えていると思うのです。

プランニングが「知恵を出して、モノゴトを動かすこと」と考えると、マーケティングを意識せざるを得ません。

□ 身につけたいマーケティング発想

このマーケティングの本質を外さず、私自身の仕事の基本に置いているのが、「マーケティング発想」です。125ページの「プランニングの7STEP」のような思考が中心の作業より、もっと戦略的で多くの人を巻き込む作業となります。

しかし、仕事のスケールが大きくなっても、全体像（図41のフロー）が見えていれば、何をすればいいのかわかります。

１．市場・顧客・世の中を深掘りし、２．課題と新しい機会を探り、３．目的・目標を明快にし、４．新しいコンセプトを設定し、５．戦略的なトータルプランを作成する、という基本の流れです。

以下、私の例で図41の１〜５を追ってみましょう。

□ 花王の初めての化粧品業界への挑戦

「石鹸屋さんが化粧品に手を出した」

花王が化粧品市場に参入した当時、業界の見方でした。

また、トイレタリー／日用品メーカーとしての清潔感と技術への信頼はあっても、花王には美や憧れのイメージは、ターゲットとなるOLの意識の中になかったのです。この環境下で基礎化粧品「ソフィーナ」をどうスムーズに市場に導入させられるか。コミュニケーション戦略を担当する私たちの仕事でした。

１．あえて厳しい市場環境の中へ

百貨店の１階フロアは外資系を含めてコスメティックメーカーが群雄割拠し、新参者が食い込むことは容易ではありません。①トイレタリーメーカー花王が初めて化粧品へ参入、②企業に美のイメージはない、③メイクアップ化粧品が主流、④感性訴求一辺倒の世界、⑤美と憧れで買

図41

⑥ マーケティング発想フロー

マーケティング目標

↓

1. 市場環境分析

- ・今、世の中は
- ・今、市場は
- ・今、競合は
- ・今、生活者は
- ・今、商品は
- ・今、流通は
- ・今、コミュニケーションは
  〈新しい切り口発見へ〉

↓

2. 問題と機会

- ・何が問題でどこにチャンスがあるのか
- ・現場で伸ばすべき点はあるのか
  〈両方の分析を深める〉

↓

3. マーケティング課題設定

- ・どんな課題を解決するか
  （絞り込み、順位づけ）　〈目的をはっきりさせる〉

↓

4. 戦略の基本方針

- ・Ⓣターゲット
  Ⓟポジショニング
  Ⓒコンセプト
- ・誰に、どんな位置で、どんな価値観で戦うのか

↓

5. マーケティング戦略計画

- ・商品戦略
- ・価格戦略
- ・流通・販売戦略
- ・コミュニケーション戦略
  ↓
  〈基本方針を戦術化する〉

う習慣が強い、⑥基礎化粧に関心も薄く、お金も使わない。

この状況の中でどうスタートさせるか。

2．ビジネスチャンスはどこにあるのか

これまで商品機能よりもイメージを全面に立ててきたため、類を見ない高級品市場になっていた化粧品市場。しかし、「ソフィーナ」は違います。

あくまでも基礎化粧品であること。そして既存商品の改良ではなく、まったく新しい品質を備えた新商品であること。何より肌の表面だけでなく内側に働きかける皮膚科学から生まれていること。素肌の美しさを取り戻そうという提案があること。

…と考えると戦う場所が違うのです。あらためて新しいポジショニングが必要となりました。

3．新しい課題を創造しよう

戦う土俵を変えよう。基礎化粧品に対する徹底した意識改革で、「ソフィーナ」の立つ位置を変えていけるのでは…。イメージではなく、科学で、知識で、真実で戦うアプローチによって、「スキンケアに独立した価値観」を立てることが可能と考えたのです。そこに追い風も。

①時代はナチュラル志向へ、②温暖化・都市化など空気の乾燥、汚染の問題、③素肌への関心が高まりつつある、④アメリカではスキンケアがかぎりなく医学に向かう、という時代の流れも後押ししてくれました。

4．独自のポジションを立てる

「素肌の美しさを取り戻そう」という提案は、肌の細胞を生き生きとさせる科学を売ることで、新しい土俵の確立を目指したのです。

メイクの前の基礎化粧ではなく、基礎あってのメイクだ。素肌そのものが美しく輝くことで、その先のメイクが生きるのです。

イメージ戦争真っ只中にあって、本当の「美しい女性の皮膚」を考えた基礎化粧品として定着させるには、きちんと科学を語っていくしかないのです。

5．とくにコミュニケーション戦略がキー

　イメージ訴求から機能訴求型のマーケティングを展開しよう、という確認の下で、コミュニケーション戦略はスタートしました。

　コンセプトは、

「化粧品（イメージ）を売るのではなく、正しい知識を売ろう」

です。ようするにイメージでなく安心を売ろうという姿勢です。

　当時、化粧品の広告では珍しい情報広告。皮膚科学の話や図解、映像、顕微鏡写真、グラフを中心に、「女性の素肌にとって何がいいのか」を徹底して語り続けました。

　きっかけを与えれば、自分の素肌だけに正しい知識を知りたがります。当初は違和感があっても「これからの化粧品広告はこうあるべきだ」という強い信念でつくったものです。

　「イメージ」から「真実」へ。

　土俵を変え、独自の世界で戦うのですから抵抗はありますが、結果、持続することで今の「ソフィーナ」が存在していると思っています。

⑧ フロー7 ブランディングプロセス

愛される企業ブランドづくり

□「顧客から選ばれる」ために

　現代は、「顧客が企業を選ぶ時代」と言われ、「顧客とよい関係を築いている企業だけが繁栄する」と言われています。ますます人間中心の社会へと加速しているのです。

　こうした環境の中で、企業は「ブランド」という資産づくりが大きなテーマになっています。顧客に選ばれる最大の条件が「ブランド」の強さであり、企業全体の強さとイコールだからです。単に商品のブランド化にとどまらず、選ばれ続けるかどうかは究極、企業のブランド力にかかっています。

　自分の会社が何を目指し、どうなろうとしているのか。顧客に対して何を約束し、どう信頼を得ようとしているのか――。

　その明日への「あるべき姿」を描くのがブランドビジョンであり、そのビジョンを核に、顧客本位の体質づくりを進めるのが「ブランディング」です。

□ 社内の最大の課題解決「ブランディング」

　トップから社員全員がひとつに向き合って成立するのがブランディング。そのブランディングの基本は「企業と顧客とのいい関係づくり」をテーマとするブランドマーケティングです。

　肝となるのは、顧客との約束（ビジョン／ブランドプロミス）を掲げ、すべての企業活動において、「信頼」を顧客の心の中につくっていくことです。

　社員はブランドを背負って、そのブランドを維持するために商品やサービスを考え、広告もイベントも販促も営業も受付も電話の対応も、すべて会社のブランドイメージ形成に役立っているのです。プランニング

そのものは、すべてブランドづくりと一体となっています。

　ブランドとはどのような工程で創られていくのか、そのプロセスを図にしたのが次ページ図42です。

　「STEP1　ブランド認識」で、徹底して企業と顧客の関係を洗い出します。大切なのは企業の存在価値を明確にすることです。

　「STEP2　ブランド価値づくり」で、顧客と強く結ばれるために何を約束するか。将来の「あるべき姿」を言葉化して定着させます。

　「STEP3　ブランドシンボル化」は、ブランドイメージ、シンボルマーク、スローガン等、企業の意志を表すシンボルづくり。

　「STEP4　ブランド戦略」は、すべての企業活動をブランドを中心として展開する計画案づくりです。全体のシナリオを構築します。

　「STEP5　ブランド管理」は、全社を動かすオペレーションの実施です。組織づくり、人づくりを含めた組織体をつくっていきます。

□ ブランディングの核は「ビジョン構築」

　とくに重要なのは企業の存在価値を示し、すべての経営資産を振り向けていく「ブランドビジョンの構築」です。STEP2の「ブランド価値づくり」になります。

　顧客との約束を言葉化することで、何よりもそのサービスが存在することの意味が明快になります。けっしてビジネスをうまくやろう、というビジョンにはなっていません。

　ザ・リッツ・カールトンホテルの例で言えば、

　「お客様に心のこもったサービスを提供すること」という企業理念を実現させるために、揺るぎないブランドビジョンがあります。

　「紳士淑女をおもてなしする私たちも紳士淑女です」

　従業員が紳士淑女であってはじめて、お客様が何を求めていて、何をどのように感じているのか理解できる、ということです。

　この「モットー」のために行うべきサービスとは、その使命とは、を明確にするために「クレド」（信条）があり、サービスについての「3ステップ」があり、心得や行動基準が20項目にまとめられた、「ベーシック」があり、すべての約束事が明快になっています。

図42

⑦　ブランディングプロセス

STEP	目　的
1 ブランド認識	世の中からどう見られているのか。 今、どこにいるのか。 強み・弱みの再評価 「顧客との接点探し」
2 ブランド価値づくり	顧客との絆となる「約束」とは。 求められる新しい企業価値。 「ブランドビジョンの構築」
3 ブランドシンボル化	社内・外に共有化し、 企業活動の核となる 「シンボル設計」 （文章化・ビジュアル化）
4 ブランド戦略	企業活動のすべてが ブランドを目指すための 「コミュニケーションと実行計画」
5 ブランド管理	組織的に管理し、 効果的なブランド運営の実施 「ブランド資産の最大化」

　どこに企業の存在価値があるのか。そのひとつのビジョンを核にした企業活動の徹底があって初めて、信頼関係を深めていくことができます。

⑨ フロー-8 ドクタースタイルのプランニング

悩みの本質発見法

□ 答えは、つねに相手の中にある

ドクタースタイルとは、「課題解決のアプローチ」と流れは一緒ですが「問診」（徹底して人の悩みを聞き出すこと）に軸足を置くことを意識するスタイルです。

今、社会で起きている問題のほとんどがコミュニケーション障害が原因です。もちろんビジネスの世界でも同様です。

課題解決のためには、もっと相手に肉薄することで、悩みの本質が見え、手がかりを発見することができるはずです。

つねに「答えは、いつも相手の中にある」のです。何が起こっているのかを探れば、何をしたらいいのかがわかります。

「わからない」とは、探りが足りないのです。

そこで課題解決には、主治医の気持ちで徹底的にヒアリングを繰り返し、企業コンセプトに落とし込んでいこうという、私が博報堂時代にやっていた〈ドクタースタイル〉の手法です。

□ 見立てのいいドクターを目指して

クライアント（依頼主）との共創関係のパートナーを目指していた私たちにとって、広告を恋愛関係にたとえたり、主治医と患者にたとえたりすることがありました。

ロジカルに情報を分析して導き出す答えも大事ですが、ここでは「その先」をアナログのヒアリングで導き出します。

パソコン上ではなく、人と向き合うことで感じ合い、触れ合うことで、問題の本質を発見するのです。顔も手も皮膚も体温も仕草も、すべて見逃せない情報のはずです。

「見えない姿が見え、聞こえない声が聞こえる」ためには、図43にあ

るように、医者の問診にあたるヒアリングを徹底し、コミュニケーションを重ねてください。

□ とくに最初のSTEP1が重要

　例えば、何か問題を抱えて依頼主が訪ねてきます。そこにはうまくいっていない現状があり、痛みも出ている。しかし本人には、はっきりとした原因はつかめないし、本質的な問題が何かがわかっていません。そこで丁寧に問診し、じっくり状況を把握し、問題点の核心を求めていきます。ここでは、いかにお互いに本音で語れるかです。

　どうしても依頼主は主観が強いし、自ら語れない事情もあります。人それぞれの違いや悩みに、どうフォーカスしていくか。数字などには表れない微妙な部分を、人間の五感を駆使して引き出す大切な仕事です。

　このSTEP1に続いて、社会性、市場性、生活者志向など客観的な視点を入れ、原因を突き詰めていくSTEP2に入ります。

□ 1人ひとりの「テーラーメイド・メディシン」

　「テーラーメイド・メディシン（オーダーメイド・メディシン）」とは、1人ひとりの微妙な体型に合わせてつくる注文服のように、1人のための医療を行うことです。

　人はそれぞれ体質も病態も違うのだから、それぞれの人に診療も薬も、予防も教育も合わせていくべきだ、という医療です。

　非効率的に見えますが、結局、早くて効果的でお得になるというのです。技術や情報の進歩の結果、より人に向き合い、創造性のある「あなたのために」という発想が高まってきているのです。あらためて1対1のアナログの問診をためしてみませんか。自分を磨くためにも。

　問うこと、引き出すことの難しさを感じるはずです。

図43

⑧　ドクタースタイルのプランニング

主治医の気分
悩みの本質を見つけよう

1…問診
（今、何が問題か）
$$\left[\begin{array}{l}\text{ヒアリング、取材（現状把握）}\\\text{（抱えている問題点・生活習慣）}\end{array}\right]$$

2…診察
（それは、なぜ問題か）
$$\left[\begin{array}{l}\text{課題発見、原因究明（本質は）}\\\text{仮説の構築}\end{array}\right]$$

3…検査
（どうなりたいのか）
$$\left[\begin{array}{l}\text{仮説に基づき調査、深掘り}\\\text{分析、機会発見}\end{array}\right]$$

4…診断
（何をどう解決するか）
$$\left[\begin{array}{l}\text{克服すべきアイディア、順位づけ}\\\text{方向性（コンセプト）決定}\end{array}\right]$$

5…治療
（どんな成果が予測されるか）
$$\left[\begin{array}{l}\text{展開シナリオ、戦略・戦術}\\\text{ゴールイメージ、実行計画案}\end{array}\right]$$

137

10 〔フロー9〕 クリエイティブ・ブリーフ

総合的クリエイティブの戦略書

□ アカウントプランナーの戦略指令書

徹底してターゲットを洞察することから、新しい発見と創造を生む仕事のやり方で、アメリカの広告会社で主流になり、今、日本でも使われているワークスタイルに、「アカウントプランニング」があります。

それは企業と生活者の間に立った、広告会社の進化した形として評価されています。また、一般の企業にも製品開発やマーケティングに活かしていこうという考えが拡がってきています。

アカウントプランニングのスタイルとは――、

① 〈アカウントプランナー（AP）〉という、全体を統括する心理学者であり、マーケッターであり、戦略家であるリーダーが、

② 〈インサイト（洞察）〉というプランニングコンセプトを確立し、

③ このインサイトを核に〈クリエイティブ・ブリーフ〉を開発し、

④ コアチーム（アカウントプランナー、制作、営業が基本）にブリーフィング（打ち合わせ）して共有化。

⑤ この1枚のブリーフ（シンプルにまとめた指示書）をもとに、チーム一丸となってクライアントの総合プランニングを進めていくものです。

次ページの図44が「クリエイティブ・ブリーフ」で、インサイトを核に、広告戦略が目指す方向を書いた指示書です。この1枚の戦略書がすべての約束となり、統合されたクリエイティブが展開されます。またこの1枚が、得意先とのプランニングを進めていく上での確認書でもあることは、大きな意味を持っています。

□ 戦略的解決策のキーとなる「インサイト」

インサイト（INSIGHT、洞察）とは、言葉通り消費者に対する洞察のことです。消費者が何を考え、何に反応し、何に動かされるのか、奥

図44

⑨　クリエイティブ・ブリーフ

（この1枚で、依頼主と全スタッフが共有し、
行動し、レベルを維持する「1枚の戦略書」）

広告の目的	この広告で何をしたいのか、なぜ／何を広告するのか
ターゲット	誰に語りかけるのか
現状／将来	どう思われているのか　どのように変えたいのか
コンシューマーインサイト（人を動かす心のツボ）	印象づけたい唯一・最大の動機づけは何か（どんな深層心理をつけば心が動くか、欲しくなるか）
プロポジション（提案）	何をメッセージするか（もっとも大切な提案）
トーン&マナー留意点	何をどう語り、どのような雰囲気で何を残すか

※実際は右側の枠は書き込めるよう白いスペースになっている。

深く人間を探っていこう…と生活者の深層心理を重視したところがポイントです。従来のマーケティングの定量調査（マス）でとらえると、どうしても平均値が一人歩きします。それでは個人の変化の芽を摘んでしまいますし、そこから発想する創造性も摘んでしまうことになります。

　新しい洞察を核にブリーフを書くことは、製品開発やマーケティングの精度を高めていく挑戦でもあり、独創性を生む手法だと思います。

⓫ 愛されるプランニングとは

設計図の中に「想い」を入れる

□「恋愛型社会の中のプランニング」の認識

ビジネスは、相手を深く思うことでしか持続しません。よく言われるWin-Winの関係で、ここにはパートナーシップが息づいています。高度なIT化社会で、ボーダーレスで、私生活中心の社会の中で、

> # 「ほんとうに私のことを想っているのは誰か」

ここが、とても大切になってきます。

私は今の関係型社会を「恋愛型社会」「恋愛型経済」と言い、ビジネスのあらゆるプロセスは、恋愛関係なしにはスムーズにいかないと語ってきました。

ブランディングも「深く愛して、永く愛して」の関係で成り立っているのです。

あらためて世の中の動きを、キーワードを通して図解してみました。

右の図45を見ると、全体がとてつもなく大きな固まりで、「恋愛型」に向かっているのがわかります。この状況下で、私たちのビジネスのルーティンワークがなされているのです。

とくに、ヒト・モノ・企業・社会・地球のすべてが、「持続的発展」を究極の目的としています。まさに深く永く、愛し愛され続けるという発想が欠かせません。そして愛されるプランニングのためには、次の5つのアプローチが大切になります。

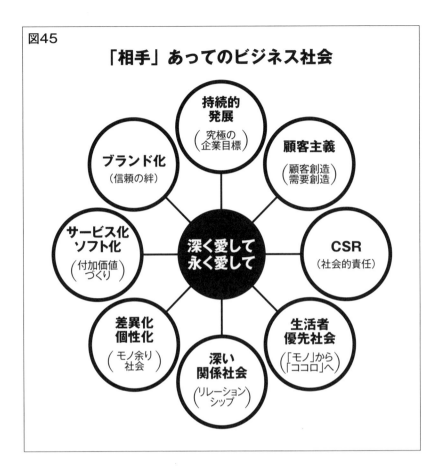

図45

「相手」あってのビジネス社会

持続的発展
（究極の企業目標）

顧客主義
（顧客創造
需要創造）

ブランド化
（信頼の絆）

深く愛して
永く愛して

CSR
（社会的責任）

サービス化
ソフト化
（付加価値
づくり）

差異化
個性化
（モノ余り
社会）

深い
関係社会
（リレーション
シップ）

生活者
優先社会
（「モノ」から
「ココロ」へ）

（1）競争ではなく「人との違いをつくる」

　企画は、つねにルールのないところを走らされています。相手の「具体的な課題に対する解決法」であって、汎用的な発想法はありません。

　社会はつねに固定しているわけではなく、個々の人間集団ですから、価値観や習慣は変化していきます。新しいモノやサービスが生まれ、それに沿って人も動く。暮らし方も変われば、時代も変わります（スマホの進化に伴い、暮らし方が大きく変わっているように）。**この時代に一番合った入れ物を考えるのが、プランニングです。**

それには、徹底して相手の中に入ること。企業の理念、トップの志、企業文化、力（技術力、商品力）、ビジョン、人材、業界、ライバル、顧客…などなど。過去を捨て、習慣やルールを壊し、新しい課題解決型の「恋愛型プランニング」で攻めたいものです。

これからの企画書は、「勝ちたい」「取りたい」「稼ぎたい」から、「信頼させたい」「惚れさせたい」「持続させたい」というように発想を変えなければならないのです。この姿勢があって「人との違い」もつくれます。

（2）「私をトクさせてくれるのは誰か」に答える

例えば、ここでプランニングをクライアントから依頼されたとします。その時、依頼主は、以下のような強い想いを持っているはずです。

・私のビジネスをやりやすくしてください
・私にトクをさせてください
・私の全体を見て提案してください
・私の将来の方向を示してください
・私の期待を超えてください
・私との関係を持続できるように考えてください

そこで依頼主にとっては、社内・社外を問わず、**「誰に頼むのがベストか」**が大きなテーマになっています。

従来のように、自らの専門領域の中で解決できればいいのですが、そうはいきません。ヒト・モノ・技術・企業のコラボレーションが進むように、専門外のところに大きなチャンスがある時代だからです。

ビジネスはつねに、「I care about you（あなたのために役立ちたい）」であり、その姿勢を具現化することで、依頼主との信頼が生まれてきます。

（3）先につながること。持続すること

今だけを見るのは過ちです。「これで先につながるのか」、そして理想

的には「これから先、5年、これでいく」と言わせられるか。

プランニングはあくまでもビジネスに関わるもの。ただ単に意表をつけばよいというものではありません。

長い間、モノが売れ続けたり、企業が信頼され続けるために、未来に向けて「約束」する、「将来」を描く、変化の「兆し」を読み込む。そして時代に左右されず、1つの中心軸となるコア・アイディアを継続することが、必須の条件です。

私は、企画書のタイトルに「3年先のベスト」を掲げ、企業ブランディングの提案をすることがありました。企業のあるべき姿、目指すべき姿をビジョンに描き、そこに向かうために今から1年目に何をすべきか、2年目はどうするか。さらに将来へのゴールイメージに向けて、高いハードルを越える仕組みを提案します。

クリアした3年後は、また「3年先のベスト」へ。挑戦するたびに体質を強めていきます。その繰り返しによってブランドを社員が共有化し、企業文化になっていくのです。

(4)「人の幸せを創る」ストーリーがあるか

ビジネスは、人を喜ばせることで成り立っています。そして企業の究極の目的は、「人の幸せを創る、社会の幸せを創る」ことです。

ディズニーランドは、「地球で一番幸せな場所を創りたい」を理念に、「夢と魔法の王国」を目指し、ひたすら夢を追い続けるストーリーを持っています。

そして愛され続けるために、360度すべての行動が、ブランドビジョンに向かっています。

入園する時は「期待」を、帰る時には「満足」を、ともに裏切ることなく提供し、さらにブランド力を高めていく…。終わりのない物語です。よく言われるように「創造があるかぎりディズニーの完成はない」ということなのです。

プランニングは、「幸せを創る作業」です。どういう価値を提供し、

どのように暮らしを変えられるか。ユニークな物語を創るのが仕事です。

稼ぐための提案、傷を治すためだけの提案では寂しすぎます。自分たちが考えたプランニングが、世の中にどう影響を及ぼし、どのように企業に返ってくるのか。考える時は、そんな位置に立っているようにしたいものです。

（5）全体を読み、全体で解決する

ホカとの違いを創り、差別化につながるプランニングにするにはどうするのか。「誰に、何のために、何をすべきか」。

まず全体が見えないかぎり、本質には届きません。そこで単なるアイディア勝負ではなく、全体を動かすことを目指します。部分サービスではなく、全体サービスをする発想です。

それには、企業の川上の部分…会社の方向性、理念、トップの志、事業戦略、商品の哲学、企業ブランド、イメージなど、企画の背景から探る必要があります。

「これまでにないこと」を考えるのですから、身近な情報だけでは、違いは生まれません。川上の部分から、全体から、そして個々を見て組み立てていきます。

例えば、社内の課題で「いい人材が集まらない」があるとします。「求人」だけを考えていては先につながりません。どんな人材を、どこからどう集めるかと悩む前に、やるべきことがあります。

まず会社はどうなりたいのか、将来のあるべき姿とは、どんな夢やロマンを描いているのか、何が売り物で、何が魅力の会社なのか、そのために今何に挑戦しているのか、どんな企業風土か、何に誇りを持っているのか、どこに想いをかけてほしいのか。

このような全体像を描き、目指していて、初めて企業の魅力に人を引き寄せ、採用を、育成を、といったプランニングができるのです。まさに、「３年先のベスト」を想定して進めるのです。

第 **5** 章

プランニングの商品化

「企画書」と「プレゼン」で知恵が
カタチになる

企画書は解答書であり、提案書であり、戦略書

❶ 企画書は「知恵」の商品化

□ 企画は「企画書とコンテンツ」、「プレゼン」で成り立つ

プランニングの企画書は、プレゼンテーションと一対になっています。正しく言えば、企画というのは「企画書とコンテンツとプレゼンテーション」で成り立っています。

コンテンツは具体的な作品であったり、模型であったり、見本であったり、企画をより具現化したものです。

私の場合で言えば、広告表現のラフ案（考え方をビジュアル化した叩き台の案）にあたります。第5章では企画書とプレゼンテーションについて、まとめていきたいと思います。

「考え・つくり・実践する」

これらをまとめ、総合戦略化するのが企画書です。右ページの図46は、基本的な企画の構成要素で、企画書はこのフローに沿ってもれなく書くことでも仕上がります。

第4章の各プランニング（設計図）のフローに合わせて企画書がつくられることもあります。しかし企画書は、単に企画や計画案をまとめたものではなく、自分の描いたストーリーを相手にとって価値あるものに編集し直し、「知恵を商品化」するための提案書なのです。

□ 企画書は感動的な解答書でもある

また企画書は、企業からの課題に対する解答書です。そして、いい企画とは、一番課題に合った答えでありながら、相手の期待を超える答えです。ただ相手に合わせた解答をするだけでは「感動」してくれません。

プランニングのフローに従うことではなく、①読み手の悩みやニーズを徹底して探るか、②自分の強い想いに引きずり込むか、企画をもうひ

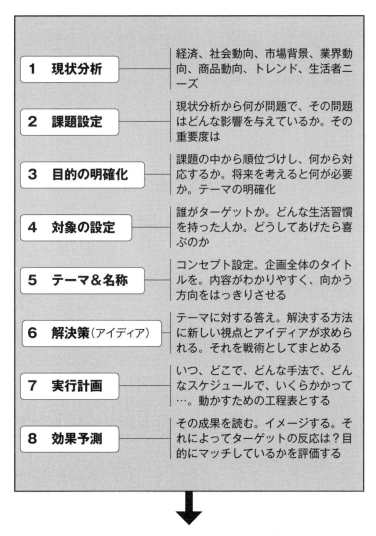

図46

企画書の構成

1 現状分析 — 経済、社会動向、市場背景、業界動向、商品動向、トレンド、生活者ニーズ

2 課題設定 — 現状分析から何が問題で、その問題はどんな影響を与えているか。その重要度は

3 目的の明確化 — 課題の中から順位づけし、何から対応するか。将来を考えると何が必要か。テーマの明確化

4 対象の設定 — 誰がターゲットか。どんな生活習慣を持った人か。どうしてあげたら喜ぶのか

5 テーマ＆名称 — コンセプト設定。企画全体のタイトルを。内容がわかりやすく、向かう方向をはっきりさせる

6 解決策（アイディア） — テーマに対する答え。解決する方法に新しい視点とアイディアが求められる。それを戦術としてまとめる

7 実行計画 — いつ、どこで、どんな手法で、どんなスケジュールで、いくらかかって…。動かすための工程表とする

8 効果予測 — その成果を読む。イメージする。それによってターゲットの反応は？目的にマッチしているかを評価する

↓

[相手に合わせ
これをどう料理するか]

とつ磨き上げて、商品価値を高めたものが企画書なのです。

　私が企画書の価値を高めるため、とくに意識しているのが「相手の予想を裏切りたい！」という想いです。求めるものを提供するだけでなく、気づかなかったものを見せ、驚かせることが企画の仕事。相手を喜ばせようという姿勢こそ、アイディアの質にも信頼関係にも影響を与えてくれます。

　「えっ、こんなことが考えられるのか！」と驚いてもらうのが快感だからです。それには図47にある２つのポイントが大事です。相手が惚れてくれる企画書は、この２つが飛び抜けています。

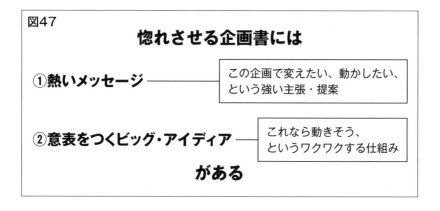

図47

惚れさせる企画書には

①**熱いメッセージ** ── この企画で変えたい、動かしたい、という強い主張・提案

②**意表をつくビッグ・アイディア** ── これなら動きそう、というワクワクする仕組み

がある

「何としてでも変えたい」

　相手の顔を思い浮かべ、流れるように（起承転結がある）、熱く語るように企画書を書くから、プレゼンテーションの段階でもその延長線上で話すことができるのです。

　この時、相手は「みなさん」ではなく、「あなた」へ。

　相手を１人の個としてとらえないかぎり、コミュニケーションの深さや熱さが生まれてきません。

「あなたにぜひ話したい…」

　こんな姿勢で企画書に向いています。企画書を書く時から、プレゼンテーションは始まっています。

Ａ４サイズ１枚の戦略書づくり

俯瞰して全体から考える習慣づけ

□ １枚でプランニングの基礎も身につく企画書

　図48（151ページ）は、長年チームで使ってきたプランニングシートですが、プランニングの基本を押さえ、書いては持ち寄り、１枚を前にして全員で共有し、検討する提案書にしていました。また、プランニングする時は、この流れに沿ってアイディアを組み立て、プランニングの破綻を防ぎます。とてもわかりやすく、一覧性もあり、社内・社外どちらでも使い勝手がよく、今でも活用しています。

　何といってもＡ４サイズ１枚。この基本形から、あとは自分流のスタイルの企画書を創り出すことです。

　とくに喜ばれたのは、依頼主の企業内で、俯瞰して全体から考える習慣づけのためにとても便利だ、と。社内・社外どちらでも共有できる１枚です。

　仕事の中で、次第に課題解決を伴うプランニングが増えてくると、思いつきやヒントを数点出して終わり、というわけにはいきません。

　「考える仕事」が多様になり複雑になると、頭の中に１枚の絵がないとスムーズに動きません。そこで、何のために、何を情報として集め、どのように考え、どうゴールまで詰めていくのか。全体像がわかる１枚のプランニングシートが必要になるのです。

□ プレゼンにも使える戦略書

　これはあくまでもプランニングシートの基本ですが、この１枚を前にして依頼主へのプレゼンにも使えるものです。

　またシート１枚を手元に置くことで、次々に見えてくることがあります。それは、

①考える作業の全体像がわかる

②「企画する」とはここまで考える

③企画内容と作業の流れがわかる

④各項目が有機的につながる

⑤持っている情報や知識では書けないことを知る

⑥中身の重さと深さを知る

⑦それぞれに知恵を求められている

⑧要領よくシンプルに書き上げる

⑨シートの向こうに相手を意識する

⑩そこには人を動かす行動が求められる、

　　などです。たった１枚ですが、幾重ものプレッシャーを感じられます。

□ この１枚の中に、どこまで「あなたらしさ」を出すか

　自分にとって１枚書くのにどんな問題点が見えてくるのか。そして、この基本のシートが相手にどう受けとめられるか、ただの機能的なシートか、相手の想いに応えるシートか。ここから恋愛型プランニング（いい関係づくり）の書き方、伝え方が問題になってきます。

　相手に「好き！」と言わせるために、どう展開させたらいいのでしょうか。それは次項からお伝えするとして、「あなたのために、こんな気持ちで考えました」と、作り手の自己主張をすることをおすすめします。

　タイトルだって、目的だって、内容だって、言葉の裏には「私はこうしてあげたい」という想いから書かれているべきです。

　「アイディアを売る」そして「自分を売る」ことを考えた企画書にしてください。

150

図48

「プランニングシート」（企画＆実行計画書）

タイトル	（企画提案の件名）
背景と問題点	（現状と悩み、要望）
企画対象	（誰が対象か）
企画目的	（何のために、何が欲しいのか）
企画内容	（アイディア、解決法、コンセプト）
期待する成果	（何が得られるか、どう変わるか）
実施方法	（作業工程、内容とスケジュール）
費　用	（いくらコストが発生するか）
留意点	（実施に伴う注意点）

企画書の中に、あなたの顔が見えるか

❸ アイディアも売るが「自分」も売る

□ この一皿の本気が伝わるか

たびたび料理の話で申し訳ありません。食べるのが好きということもありますが、一流シェフの仕事がとてもクリエイティブであり、モノづくりの姿勢がとても共感できるからです。

何よりプランニングという創造性を売る上で、共通する点が多々あります。そこでここでもプランニングを料理に置き換えてみました。次ページ図49のようにイメージできます。

素材から盛りつけまで（情報収集し、考え、企画書にする）と考えてください。もうひとつ演出があるとすれば、プレゼンテーションの場でしょうか。とにかく盛りつけられた料理が企画書で、これが作り手の自己主張をしているのです。

もし、その料理が他店と同じような顔つきをしていれば、それはトレンドを追い求める個性のない一皿に見えることでしょう。

個性ある一皿には料理人の顔が見えます。「私がやりました」という本気が伝わり、イメージが残ります。盛りつけにシェフの料理に対する想いのたけが表れているはずです。企画書も同じです。

□ もっと自分を表現してもいい

Ａビール会社の部長が企画書を見ながら、「誰がウチのことを本気で考えているのか、その個人の想いが見たい」とつぶやいていました。

求めているのは、企画書の裏にいる、あなたなのです。プランニングしている人の力量やキャラクター、熱意、企業に対する想い入れやこだわりなど、人間の総合力が問われます。

リスクがあるアイディアやクリエイティブに、「乗った！」と言わせ

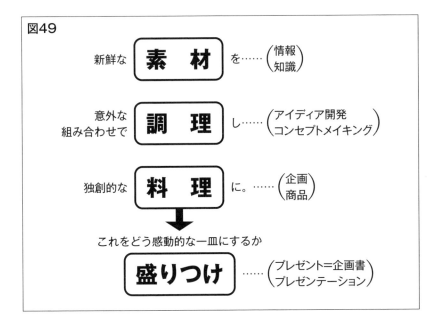

図49

新鮮な **素 材** を……（情報／知識）

意外な組み合わせで **調 理** し……（アイディア開発／コンセプトメイキング）

独創的な **料 理** に。……（企画／商品）

これをどう感動的な一皿にするか

盛りつけ ……（プレゼント＝企画書／プレゼンテーション）

られるのは、プランニングそのもの以上に人が評価されているのです。

　なぜなら、ビジネスでの企画書は「課題に対する解答書であり戦略書」だからです。それぞれ課題が違うのですから、ベストな企画書は、企画書のカタチうんぬんではなく、一番課題に合った答え方で、「自分らしい答え方」をしているか、にかかっているのです。

　相手が違い、悩みが違い、テーマが違うのですから、自分らしく料理するしかありません。ようするに、「自分らしさ」の質を高めて、初めて評価され、信頼されるのです。

□ 見て共感してもらうことが目的

　私たち広告業界でのプレゼンテーションで、依頼主からもっとも嫌がられたのが、長々とマーケティングデータを語るプレゼンでした。

　時代も市場も商品も、依頼主のテリトリーなのですから、依頼主には「あなたより知っている」という自負があります。「情報のその先を、データのその先を、どうするのか？」という、そこが知りたいのです。

　そういうこともあり、クリエイターが表現を語る際は、話の流れに沿

って要点のみが書かれた「ペラ1枚型」か、キーワードを中心に4〜5枚にまとめた「紙芝居型」が主流です。

　総じて、依頼主を説得するということとは違う姿勢で書いています。
　相手側と一緒に1枚の紙をはさんで共感し合うことを想定しています。「そうそう、そこが知りたかった」「そこをどうするかが一番の悩みだった」。相手が欲しい、知りたい、気づかなかったことに触れることで、人は納得し、共感してくれるのです。
　もし、必死に説得しなくてはいけない状況になったとすると、提案のスタンスがズレているか、考えが浅かったからだと思うのです。

□負けても心に引っかき傷を！

　私は、競合（他社との企画競争）で負けても、必ず相手（クライアント）に与えたいことがありました。それは、「いつかこの人に頼みたい」と本気で思わせるような印象を与えることです。必ずこれを意識していました。
　「本気で考えている」「絶対トクになりそう」「先につながっている」──こう思わせたかったのです。
　「うまい」より、相手の悩みの本質につながっていくことを目指したのです。目的は、勝ち負け、通る通らないより、どこまで惚れさせるか。プランニングは、考えるのも、つくるのも、企画書に書くのも、その根っこは「人間への視点」です。**仕事は人についてくるものなのです。**

タイトルに強いメッセージ性を

1行の力。それは引力です

□ 相手を動かす、1行の力

タイトルは引力です。1行で、大きな期待感を抱かせる力、読む人の創造力を刺激する力、人の心を動かす力になります。この力を最大限に利用しない手はありません。

たった1行で、「おっ、ちょっと違うぞ！」「これは期待できそう」というステージに、一気に持っていけるからです。

一番伝えたい1行で、「見たい・読みたい・やってみたい…」と共感させる力があります。

□ 見慣れた慣用句は避ける

依頼に合わせて、課題や目的を、おうむ返しにするタイプ。例えば、

「○○○新発売キャンペーン企画のご提案」

「○○周年記念イベント企画」

「シェア○％獲得のための販促企画案」

などのタイトルでは、相手からの依頼を確認しているだけです。

タイトルは、もっとメッセージ性があり、強い主張なり、独自の発見が匂うものであってほしい。

・重要なカギを握る言葉

・新しい主義・主張がある言葉

・ひと言でイメージさせる言葉

・本質をつく言葉

・独自の提案性ある言葉

など、タイトルは相手へのつかみとなり、活動の起点となっていきま

す。この1行から、受け手の姿勢を変えることができるのです。

□ タイトルは本気度が問われる

「何としても変えたい」。

そんな熱い想いが伝われば、企画書は必ず読まれます。図50の中にある1行「東京に振りまわされてたまるか！」は金沢のデパートへの企画提案です。

つねに東京のトレンドや風向きを気にし、その気配でマーチャンダイジング（適切な商品の品揃えと管理）を考えていた会社へのアンチテーゼ。これからの地方都市デパートのあるべき姿、地域で愛されるポジショニングの必要性を投げかけたのです。

東京を見すぎる弊害を知るだけに、予期せぬ驚きをもたらしました。

タイトルは、「アイディア」にネーミングするようなもの。そこに自分の戦略を、つねに織り込むことを忘れないように心がけています。

図50
企画書タイトル例 〈どうなりたいのか。どこへ向かうのか〉

東京に振りまわされてたまるか！
この地球上で一番ほっとする場所を創りましょう
一流の田舎になろう
薄っぺらな世の中はイヤだ！
お願い。刺激が不足しています
社会が求めるところに「私」がいます
次の、成長ステージに向けて
一番先に相談される会社

手描き１枚、私のこだわり

⑤ 古いけど新しい、アナログパワー

□ １枚で思いを伝え、インパクトを与える法

相手はどんな企画書が見たいのか。また、逆の立場だったらどうだろうか。長々と、だらだらとした真っ黒な企画書は見たくないはずです。

「私に何をしてくれるのだろうか」「私をどう喜ばせようとしているのか」「期待を超えてほしい！」と、想いは強いはずです。

そのために、自分の頭を整理しきった企画書１枚が、相手の頭の中に映像やストーリーが浮かぶような１枚になってほしい。

そう思いながら、ずっと１枚の企画書を理想としてきました（図51）。

ゴールは１枚の「知のプレゼント」。 しかし、１枚と言っても厳密には無理があり、２〜３枚のこともありました（また１枚にデータや参考資料が加わったり、ラフ案が加わったりと、相手にもよります）。

□ 忙しいビジネス社会の流れは「シンプル」に

意外に世の中、シンプルさが求められているのです。例えば、

①３分間でプレゼンするように

余計な情報を省き、ポイントを明確にし、言いたいことをきちんと伝える３分間ストーリーが求められている。

②エレベータープレゼン（エレベーターピッチ）

エレベーターに乗っている間に説明できるくらいのシンプルさをよしとする。ようするに、「何をしたいのか」「どうなりたいのか」を明解に。

③案件は紙１枚にまとめる

ある商社の会長は、どんな案件でも必ず紙１枚にまとめることを要求する。何枚も持っていくと破られる。

④企画書は１〜２枚

JFA（日本サッカー協会）の元チェアマンは言う。「私に何をわかっ

図51

手描き1枚の効用
（人柄も出る、最高のツール）

❶	手描きのメリット	──	手紙のように「想い」を感じる
❷	記憶に残る	──	イメージも伴って伝わる
❸	頭の中が整理される	──	全体が見えメリハリがつく
❹	納得しやすい	──	全体に流れがあり、話を聞く感じ
❺	「うまい」より心に響く	──	コミュニケーションしやすい
❻	手描きの安らぎ感	──	個性が出て、ビジネス的でない
❼	アナログの新しさ	──	デジタル時代に逆に新鮮味
❽	より良い関係づくり	──	対話の感覚。コミュニケーションしてる
❾	提案後の印象が強い	──	優しい、温かい、親しみやすい
❿	「私」自身を売る	──	書き手の「らしさ」とその魅力が残る

てほしいというのだ」。それだけを伝えるために1〜2枚で書け。

⑤トヨタは「A3一枚」

すべての社内での企画提案は、この1枚の中で勝負する。

□ 1枚にまとめるには「力」がいる

本質は何か、何を提供することで喜んでもらえるか。大量の情報を集めても、それが知恵に化けているか。わかりやすく整理できているのか。具体的な言葉やカタチに置き換えられているか。1枚はやっかいですが、試みる価値はあります。

CASE9

例 ① 榮川酒造ブランドコミュニケーションの提案

『360度のブランド体験』MAP

すべての企業活動は、「ブランド」につながる

提案 「ブランドビジョン」「ミッション」「スローガン」は決まった。あとは、全員の動きを、この考えに集約できるか。ブランディングは、すべてここにかかっている。

『私は、人と人をつなぐ、そのために存在する』

例② 東海印刷のリ・ボーン計画

「印刷業」から「コミュニケーションサービス業」へ

1. 課題　　　： ITの進化、複写機の高機能化で印刷業界
の低迷。構造自体に変化。体質を変えたい。

2. 企業コンセプト：『印刷コミュニケーションサービス』を売る会社

　　　　　印刷をとおして顧客のコミュニケーション分野を支
援し、課題解決に向け、高品質なアウトプット
（商品）を提供する「サービス業」へ

3. 課題発見： 技術力 × ソフト力（コンテンツ開発力）の
課題に、デザイン会社・広告会社とのコラボを視
野に入れる。そして「めざそう！逆三角形」へ。
フルサービスの課題解決型へ。

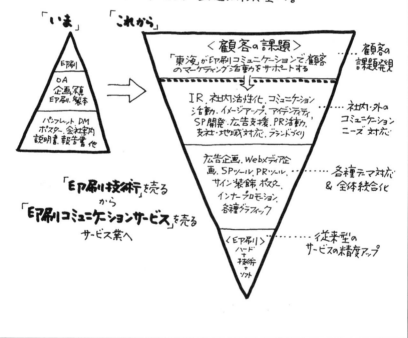

「印刷技術」を売る
から
「印刷コミュニケーションサービス」を売る
サービス業へ

CASE11

例 ③ 商品リニューアル「ネーミング」の提案
（でんぽ）

次の、成長ステージへ。

「ウルトラミニアソート」リニューアル ネーミングの提案

1. プレゼンの基本姿勢

　　今、一番大切なことは、1つの
商品のリニューアルとはいえ

・全体から個、個から全体を見ること

・その中で何が言えるか、先につながるか

2. 主力商品「ウルトラミニアソート」
のリニューアルの前提

・売りやすい ＝ 買いやすい商品へ

・売りのリーダーとして位置づける

【発想の留意点】
① 新たな成長ステージへ
② 企業ブランドにつなげる
③ イメージの活性化
④ 他メーカーとの差別化
⑤ ヒットよりロングセラー

【ネーミングの留意点】
① 集まって価値を持つ（小袋の集合に意志を持つ）
② ネーミングの基本要素
　（わかりやすく、言いやすく、覚えやすい）
③ イメージがある（ストーリー、世界、音…）
④ 売るアイディアが出やすい（広告、販促、イベント）
⑤ 展開しやすい（世界が拡がる）

3. ネーミング案

A案

「豆の福袋」
福袋を新年のもの
とせず、1年中、茶の
間に福を。暮ら
しの福の神に。

B案

「まめな生活」
「まめ」は、まじめ、本気、
きちょう面、丈夫など
人間のプラス面を
持っている。
生活の知恵袋に。

C案

「バラエピー」
生活にバラエティを。
変化を楽しむ人達
に、豆の変化球を。
バラエティ豊かな
組み合わせを。

②-① プレゼンテーションは「知恵のプレゼント」

プレゼンがなければ何も始まらない

□ すべてのビジネスはプレゼンテーションから

プレゼンテーション（プレゼン）は、「アイディア」を必要とする人に、

①プランを初めて発表する場であり

②期待を超えたプレゼント（企画）を手渡す場であり

③自分自身の情熱や想いを感じとってもらう場であり

④きわめてアナログなコミュニケーションの場

です。

そして、このプレゼンによって企画（プランニング）が採用されて、初めてスタートします。これが仕事の前提です。

ビジネスのあらゆる新しい仕事は、このプレゼンテーションなしに生まれてきません。新しい技術も、新しい事業も、新しい商品もプレゼンテーション抜きに誕生することはありません。すべて、ここからスタートするのです。

□ プレゼンテーションとは「プレゼント」

『クラウン英和辞典』（三省堂）を紐解くと、

[presentation] とは、贈呈、贈り物、提出、表示、紹介とあり、この言葉の原義は、贈り物の「プレゼント」であり、「プレゼンテーション」は英語では同義語となっています。

この言葉が「プレゼンテーションを行う」「プレゼンをする」とビジネス用語として入り込んだのは広告業界からです。アメリカの広告業界で、広告代理店がクライアントに企画提案をするために用いたビジネス様式でした。

□ 広告業界から広くビジネス社会へ

もう少しプレゼンテーションが導入されてきた経緯を、友人の眞木準氏（クリエイティブディレクター）の著書『ひとつ上のプレゼン。』（インプレス）から借りて紹介しましょう。

「1950年代頃（広告業界のビジネス様式のひとつ『モダンアド期』の頃）、アメリカから様々なビジネスカルチャーが流入してきました。

マーケティング、コンセプト、クリエイティブ、アートディレクター、マーケッター、メディア、オリエンテーションなど。そして、同様にプレゼンテーションも入ってきました。

このような広告手法が入り、広告会社や大学で研究がなされ、書籍として翻訳されるなどして、大きな影響を与えてビジネススタイルを変えていったのです。

こうした発展をする中で、広告業界用語であったプレゼンテーションも様々な分野で用いられ、一般用語として定着しました。そこに求められるものは、今まで見つけ出すことも、見つけることもできなかった、アイディアや技術、発明、発見です。すなわちプレゼンテーションの本質は、そうしたアイディアを必要としている相手に提供すること。言い換えると『知のプレゼント』をすることです」（要約）

□ 1960年代に出会った「プレゼン」

私も1960年代、広告会社に入ってカタカナ用語が飛び交う現場に驚いたものです。と同時に、刺激的であり、憧れもあり、様々な手法やノウハウを学び、もっともらしく使ったものでした。

当然、日本のビジネスになじんでいないまま使うのですから、相手との共有化はされないまま。新しさだけが先走っていた感があります。

人や企業や業界によって使われている意味に違いが生まれ、「マーケティング」も「コンセプト」も、100人が語れば100通りの解釈があると揶揄されたくらいです。言葉が共通の土俵の中で通じ合うことは、とても大事なことです。そこで、「そもそも…（その本質は…）」が必要になるのです。

□ あらためて、「そもそもプレゼンテーションとは」

プレゼンテーションは、先に書いたように、原義である「プレゼントすること」と解釈するのが一番ふさわしいと思われます。

「アイディアを必要としている人に、最良のプレゼントを提供し、人と人との深い関係をつくっていく」

これを目的としているからです。

① プレゼントは、

ありきたりの、平凡な、見慣れたものでは相手は喜びません。あくまでも良質で、相手の要望を超えたものにしか感動しません（それがプランニングにおける企画書であり、具体化したコンテンツです）。

② プレゼンターは、

贈り主である提案者は、あくまで好意、好感、信頼される印象をすべてに与えないといけません（企画書と話法をとおしてアイディアも売るが、自分を自ら売り込む場でもあります）。

このような贈り贈られるシーンを想定できれば、自ずといいプレゼンテーションのために何をすべきかがわかってきます。

□ すべてのプレゼンは相手への洞察から

プレゼンには相手がいます。相手が何を望み、どうしてほしいのか、の洞察が欠かせません。

・何がベストなのか／この先、どう読めばいいのか／今までの経験で判断していいのか／何をどうすれば、人は動き、モノは動くのか／本当のところ生活者は何を考えているのか／何が正しいのか／誰が動かすのか／どう動かすのか…。

プレゼンテーションとは、プレゼン相手の「悩み解決」をすることであり、相手への洞察があって成立するのです。

〈相手を深く知ることで、プレゼンは…〉

① リラックスしつつ、自信を持って話せる

② 相手を提案に誘導できる

③ 講義調にならずプレゼン内容に巻き込める

④説得ではなく共通認識の上で話せる

⑤長々と話さなくても端的に理解させられる

⑥時には質問を投げかけ、意見を引き出せる

⑦提案によって何が得られるか、話を深められる

⑧話のキャッチボールがスムーズにできる

　深く相手を知ることで問題・課題を共有化できているから、自信を持って提案できるのです。

　アメリカ広告会社のコンサルタントは、次のように述べています。

　「プレゼンテーションとは、得意先の手をとって『提案の小道』をゆっくりと案内することである」と。

　こう考えると、上記の①〜⑧のようにゆったりしたプレゼン者の姿が見えてきます。

　プレゼンの主役が「資料・データ分析」中心ではつまらないし、ましてパフォーマンスでもない、と誰しもが感じているはずです。

　企画とプレゼンを串刺しにする洞察が欠かせません。

> 　いいプレゼンテーションは、「相手にプレゼンをする流れで書かれた企画書があり」、
> 　いい企画書は、「流れるようにプレゼンできる構成になっている」

と、私は考えています。

　次項からの「いいプレゼンとは」、「流れのままに話す」から、さらに深く感じていただけると思います。

プレゼンテーションは 技術より相手への「想い」

クリエイターから盗む。「いいプレゼン」とは

□ プレゼンは経験と感性に負う

長年、先輩や仲間のプレゼンテーションを眺めてきました。この時間こそ、先輩の企画書やプレゼンの手法を盗むチャンスだったのですが、うかつにも見逃していました。

プレゼンはマニュアルでは上手くなりません。人のプレゼンのコツを盗むか、自分なりに気づきを持って体験→失敗→体験…とレベルを高めていく以外にないのです。

例えば、「女性から惚れられる男の磨き方」という男性誌の特集があったとして、このハウツーで男性読者が突然惚れられるようになるなんて、誰も信じません（と、私は思っているのですが）。

プレゼンもハウツーでは成功しません。経験と、その人の感性に負うところが大きいのです。

とにかく、その「プレゼント」する企画内容にかかっています。

そのあたりの真偽を確かめるために、広告に関わっている人の日頃のプレゼンスタンス（姿勢）をまとめてみました。テクニックではなく、プレゼンテーションに向かう姿勢で、これこそ盗みたいものです。

□ プレゼンテーション・スタンス（姿勢）を盗む

一流と言われるクリエイターのプレゼンテーションには、体験から発するリアリティがあり、ついつい、うなずいてしまいます。

自らの経験を思い起こしながら読んでください。

〈A氏〉プレゼンで一番大切なのは、こちらの熱意を伝えること。どれだけ商品のことを深く考え、付き合うとどれだけいいことがあるか、と限られた時間内で右脳と左脳で理解してもらう。

〈B氏〉企画書は、プレゼンで自分がしゃべるための設計図です。話す

ように書く…。相手との温度差に注意しながら、記述の順番を決めてい
くのです。

〈C氏〉「世の中にどれだけ喜んでもらえるか」。この成果を出すために
最高のプレゼントを創りたい。売りたい相手側の意志と生活者の意志を
結びつけてあげるのが仕事だ。

〈D氏〉プレゼンショーに意味はない。情報や想いなどすべてを感じと
ってもらう。相手に完成予想図を思い描いてもらうために、「いい企画
を、素直に、丁寧に」話す。

〈E氏〉何が主役なのか。何ができてプレゼンか。ツールに頼らず、自
分らしい企画を自分らしいキャラクターをさらけ出したい。

〈F氏〉要望を踏まえた上で、プラスアルファとしての意外性あるアイ
ディアがすべて。頼んでくる以上は、その飛躍を求めているのだろうか
ら。

〈G氏〉「この人に頼んでいいのだろうか」と相手は迷っている。迷いを
拭い去るために、相手も積極的に参加して一緒に創ろう、というスタン
スで話す。人間同士のコラボをつくることだ。

〈H氏〉「一緒にアイディアを考えましょう」と臨む。プレゼンは説得と
か、ウケるとか、上手くやるとかではなく、「このテーマを今後どうし
ようか」と話し合う場だ。

〈I氏〉プレゼンは企画内容ではなく、「自分自身」をアピールする。い
い人間関係をつくることだ。ロジックを並べ立てるよりは、イメージを
描いて信頼を育むようにしたほうがいい。

〈J氏〉理解してもらうために、相手を理解する。問題の本質をわかっ
ている、と感じさせる。相手のことを一生懸命考えるから、受け入れて
くれる。

〈K氏〉企画書は数枚、文字のみ。コンセプトや考え方、その案件の問
題点や目的を相手と共有しておく。マーケティングデータは過去のもの。
自身がユーザー視点に立ってマーケティング的な話を。つねにユーザー
の代表だと思って準備している。

〈L氏〉「なぜ、こういうコンセプトを立て、どうしてこういう表現になっ
たのか」。ペラ（1枚モノ）2〜3枚の企画趣旨。「うん、わかる」と、

日常的なやさしい言葉を使う。

〈M氏〉仕事に対する自信や、自分たちがどれぐらいその仕事を大切にしているか、という想いを相手に見せること。誰と仕事をすることがベストか、を意識させたい。そのために、つねにトップ（経営者）の視点で考え提案する。

〈N氏〉プレゼンとは、依頼主に対してではなく、世の中に対して、社会に対して、それがどう受け入れられるか、だ。それは相手が望んでいることでもある。

〈O氏〉「このプランを競合が先にやったらどう思いますか」と、プレゼン後、相手に言いたいほど、本気で考えている。

〈P氏〉プレゼンは、相手が求めているものを提供するだけではない。相手が必要であると気づかなかったものを、見せ、驚かせることがプレゼンだ。テクニックで驚かせることではない。

　もう数十年も前の言葉が、今も心に残っています。アメリカの広告会社DDBの社長、バーンバック氏の話です。

　「君が言っていることを信じさせなければならない。気づかせることと信じさせることは別物だ」

　まさに、信じさせられるのは、企画の中身とプレゼンター自身。驚かせ、気づかせるならパフォーマンスだけで十分です。それでは信じさせることからは、ほど遠くなります。

□ プレゼンは、「おいしい話」だけではない

　企画書をもとに、プレゼンテーションでは想いをぶつけます。依頼主は見ています。企画やプランニングという正解のない、あいまいなものにお金を払う側は、提案する人の考え方、取り組む姿勢、強い熱意などトータルで判断しようと考えています。

　そして、この人と一緒にパートナーとしてやっていけるのか。この状況の中で正しくリードしてくれるのか、願わくば能力も含めていい人材であってほしい、と思います。

　とても喜ばれたプレゼンがありました。

図52のように、A、B、Cの３案を見せ、「企画にパーフェクトはありません」と切り出しました。A案、B案、C案のプラスとマイナスを説明し、今、JALの置かれた状況、将来へのあるべき姿を考えると、リスクはあるが、B案がベストである。その際に生まれるリスクには、次のような対応策を考えていくべきだ、とアイディアを添えてプレゼンしたのです。

　具体的な内容のない、フレームだけの話で申し訳ありませんが、伝えたかったのは、「絶対、最高、これがすべて」なんてありえない、ということです。今の延長線上ではなく、新しい世界で戦おうというのですから、リスクはつきものです。

　そのリスクがある中で、「乗った！」と言わせるのがプレゼンテーションです。「けっして企画に絶対はない」。その前提で考える姿勢が、パートナーとして持続できる秘訣でもあります。

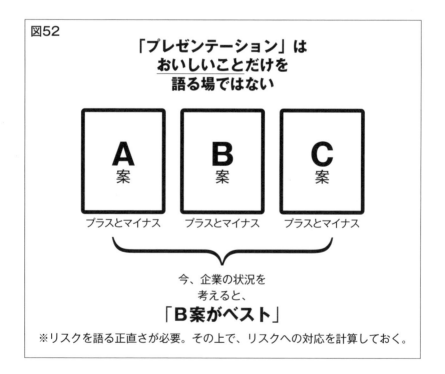

図52

**「プレゼンテーション」は
おいしいことだけを
語る場ではない**

A案	B案	C案
プラスとマイナス	プラスとマイナス	プラスとマイナス

今、企業の状況を
考えると、

「B案がベスト」

※リスクを語る正直さが必要。その上で、リスクへの対応を計算しておく。

2
－
❸

「いい企画を、素直に話す」
いいものとは、そういうもの

流れるようにプレゼンできる企画書がある

☐ 説得より「あなた」の共感を得たい

　経験が浅いうちは、つい見せ方を演出したり、ウケを狙ったり、肝心の中身の伝え方より、うわべを気にしてしまいます。「一発屋は、あとあと不愉快だけが残るものだ」と、先輩に言われたものです。とくに不器用な私にとって、的を射た指摘でした。

　ただ、長い経験の中で、先輩のプレゼンを見るにつけ、「プレゼンテーションはモノ（企画）も売るが、人（本人）も売る」コミュニケーションの場であることがわかってきました。

　ようするに、説得の場ではなく共感の場にすることです。説得しようとすると、どうしても価値を過大化させ、押しつけてしまいます。本人はその気がなくてもムキになり、熱くなる。その上、無理やり自説に誘導しようとするから、抵抗感が生まれます。最後までスッキリしません。

　これでは共感を得られないどころか、プレゼンターが信頼感を得ることからも離れていきます。そうならないためには、企画書と同様に「みんな」ではなく、「あなた」に話しかける意識が必要です。

　多数だと身構えます。つねに１対１。「あなた」への私からのプレゼントはこれです。企画書もプレゼンも話し方も、１対１で、相手の気持ちをつかむ感覚で臨みたいのです。

☐ 共感につながるのはスタイルではなく人柄

　プレゼンテーションでは、結論から語る欧米スタイルもありますが、アイディアやプランニングの提示では、やはり先に理由を述べてから、最後に結論を提示するやり方が私のスタイルです。

　それは図53（173ページ）にあるように、プランニングしたり、企画

書を書いたりする流れが、「起・承・転・結」がベースになっているからでしょう。

　中国の漢詩の作法・構成法が、いまや日本人の文章や企画書、提案書、そして話法の中に自然に取り入れられています。日本人の文化を考えれば、相手にも安心して聞いてもらえます。

　何といっても話のステップごとに共有化しながら進めることで、高い理解が得られるからです。結論から入り、多少の驚きを与えたり、一発芸をしたところで、ゴールである共感・信頼を得ることには関係ありません。

　むしろ、日本企業の場合、浮いてしまうことのほうが多いと思います。共感へつながるのは、間違いなく熱い想いで創られたプレゼントと、そこに向き合うプレゼンターの人柄だと思います。

　前に触れましたが、クリエイターはペラ1枚型か2〜3枚型、または紙芝居型（キーワードをＡ４用紙1枚に書き、5〜6枚でストーリーを語る）などを使ってプレゼンします。

　表現案というコンテンツがあること、別添資料もあって、企画書はシンプル。しかし、そのベースになっているのは、何ら珍しくない「起承転結」で、1枚の設計図にそって体験をまじえながら話しています。創造という「新しい世界」を伝えるには、相手との共有・共感を得ながら丁寧に進めないといけないからです。

□シンプルな基本型に「私」を入れる

　そもそもプレゼンテーションの基本は、

> ①事実
> ②推察
> ③提案

の共有化です。これがプレゼンの骨格で、ここからどんなプレゼントを創るか。どこまで相手を喜ばせられるかです。

図53

文章・話し方の
ストーリーづくりの基本

起 ── 提案の趣旨、背景、課題…「惹句」
(今、こういった悩みが…)

承 ── 提案に伴う問題の提示…「事件」
(検討すると、ここが根っこ)

転 ── 問題点の克服…「解決」
(解決へのストーリーとして)

結 ── 提案の効果、効能のおさらい…「まとめ」
(このアイディアで攻めて、こんな成果を)

①データ、情報、相手の要望も含めて、まず「事実」を押さえる。
②どこに問題のツボがあるのか、本質的な課題があるのか「推察」し、
③その解決のためのビッグ・アイディアを「提案」。

という3STEPがとてもストレートな流れで、企画書の内容もプレゼンもスムーズになり、相手も聞きやすい。

ここに、「私」という個人の視点が入ります。「私」の独自の主張が提案になってきます。そして、「私」の言葉で話しかけます。

事実の集め方ひとつにしても、個人差がありますし、その素材から問題の根っこを発見するのも「私」の目です。本質的な悩みを解決する知恵も「私」そのものです。いかに私らしさを出し、流れにそってプレゼンテーションするかにかかっています。

□ プレゼンは伝えるのではなくキャッチボール

プレゼンにはコミュニケーション能力が求められます。あくまでも相手が何を求めているのか、何を聞きたがっているのか、どうなりたいと思っているのか、相手の悩みにどこまで迫れるか…そこからがスタートです。

その時、相手を1人の個としてとらえ、図54のようなキャッチボール感覚でコミュニケーションをとるのです。私はつねに頭の中で、1対1のキャッチボールをしています。

　このように考えていると当然、プレゼンテーションは、「みなさん」ではなく「あなたへ」というスタイルになります。**プレゼンテーションは、きわめてアナログのコミュニケーションの場**。企画、プレゼン作業の中でデジタル要素がどれほど増えても、「あなたへ」肉声で話すことで好感や賛同を得られます。最高の語り部であり、プレゼンテーションの名手と言われたアップル社のジョブズ氏に、次のような言葉が残っています。

　「顧客が気にかけるのは『自分のこと、自分の夢、自分の目標』だ。アップルは彼らの目標達成を手助けすればいい。そのために目標はもち

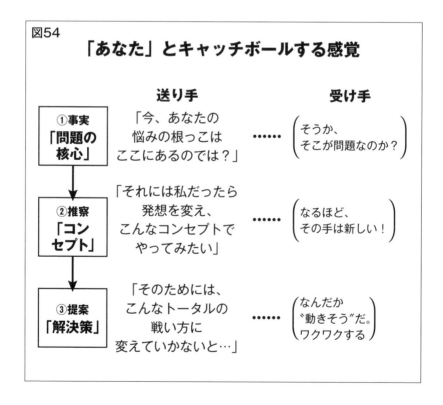

図54
「あなた」とキャッチボールする感覚

	送り手		受け手
①事実「問題の核心」	「今、あなたの悩みの根っこはここにあるのでは？」	……	そうか、そこが問題なのか？
②推察「コンセプト」	「それには私だったら発想を変え、こんなコンセプトでやってみたい」	……	なるほど、その手は新しい！
③提案「解決策」	「そのためには、こんなトータルの戦い方に変えていかないと…」	……	なんだか〝動きそう〟だ。ワクワクする

ろん、ニーズや心の奥底に潜む願いまでも把握する必要がある」(『スティーブ・ジョブズ　驚異のプレゼン』カーマイン・ガロ、日経BP社)

人を共感させ、人を巻き込むジョブズ氏のプレゼンテーションは、こうした姿勢があるからこそ、感じ入ることができるのだと思います。

□ 相手の期待を裏切る、快感

欲を言えば、相手に合わせるだけでは最高の答えにはなりません。

単に、問題解決というだけでなく、その答えによって「モノが売れ続ける、企業ブランドを高める、いい関係が持続する…」と、先につながるプレゼンが理想なのです。求めるものを提供するだけでなく、相手が気づかなかったものを見せ、喜んでもらうことがプレゼンの快感と言えましょう。

「相手の期待を超えたい」という熱い想いがあってこそプレゼンテーションの質にも信頼関係にも影響を与えるのです。

次ページ「CASE13」は、もう30数年も前の手書き1枚のプレゼンで、このペラ1枚にそって話しました。

地域のデパートのリニューアルがテーマで、マーケッターは「商圏を考え活性化のアイディア」を出し、私は「何をつくると商圏が拡がるか」というスタンスからの発想です。

単なる問題解決ではなく、新しい課題創造からスタートしたプレゼンにしたのです。

当然、相手の予想を裏切るカタチになり、想定外が大変喜ばれたものです(残念ながら別の事情が発生して実現せず、くやしい思いをしましたが、これを契機にパートナーとしての信頼を手にすることができました)。

ただ、ここでは企画書1枚で問題を提起し、課題の先にどのようなビジネスを展開できるか。そのストーリーを相手と一緒に思い描き、「いける」「街が変わる」とワクワクさせたプレゼンでした。

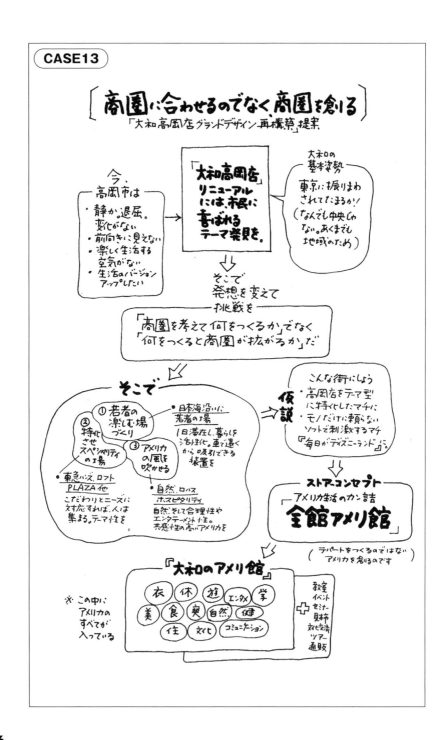

CASE13

商圏に合わせるのでなく、商圏を創る
「大和高岡店 グランドデザイン 再構築」提案

今、
高岡市は
・静か、退屈。変化がない
・前向きに見えない
・楽しく生活する空気がない
・生活のバージョンアップしたい

「大和高岡店」リニューアルには、市民に喜ばれるテーマ発見を。

大和の基本姿勢
東京に振りまわされてたまるか！
（なんでも中央じゃない。あくまでも地域のため）

そこで発想を変えて
挑戦を
「商圏を考えて何をつくるか」でなく
「何をつくると商圏が拡がるか」だ

そこで
① 若者の楽しむ場づくり
② 特化させるスペシャリティの工場
③ アメリカの風を吹かせる

・日本海沿いに若者の場
1日滞在し、暮らしを活性化。車で遠くから吸引できる装置を

・東急ハンズ、ロフト、PLAZA他
こだわりとニーズに対応すれば、人は集まる。テーマ性を

・自然、ロハス、ホスピタリティ
自然そして合理性やエンタテーメント性。共感性の高いアメリカを

仮説
こんな街にしよう
・高岡店をテーマ型に特化したマチに
・モノだけに頼らないソフトで刺激するマチ
『毎日がディズニーランド』に

ストアコンセプト
アメリカ生活のカン詰
全館アメリ館

（デパートをつくるのではない
アメリカを創るのです）

『大和のアメリ館』

衣　休　遊　エンタメ　学
美　食　爽　自然　健
住　文化　コミュニケーション

教室
イベント
セミナー
財務
文化生活
ツアー
通販

※ この中にアメリカのすべてが入っている

②
プレゼンテーションはパートナー選びの場
④　新しい共創関係をつくりたい

□「ベストパートナー」がほしい

「モノが売れない」このひと言には、売れない要因が幾重にも重なり合っています。とにかくやっかいなのは、その売れない要因が複雑に絡み合っていることです。

タテ割りの専門性で対処できた時代から、総合的なソリューション対応の時代へ。専門性だけでは解決できない〝キワ〟のない仕事が今のビジネスになっています。依頼主の気持ちになってみると、組織をまたいでヨコ串を刺し、誰が解決できるのかを知りたいのです。

図55にあるように、「誰が本気でウチのビジネスをやりやすくしてくれるのか」、そういう気持ちでプレゼンテーションを聞いています。

それは企業側に事情があるからです。こんなに急激に価値観が変わり、革新、革新と言われ続けるのは、たまったものじゃない。社内ですべてが完結できるわけではないし、人も簡単には育ちません。

図55

誰に頼むのがベストか

- 誰なら、この状況を突破してくれるか
- 誰なら、新しい道筋をつけてくれるか
- 誰なら、ビジネスをやりやすくしてくれるか
- 誰なら、全体を引っぱっていけるか
- 誰なら、外部を動かせるか
- 誰なら、新しいビジネスを創れるか
- 誰なら、世の中にインパクトを与えられるか

企業が持っていないものと、持っている人との共創関係をつくりWin-Winを目指したい…。そのため企業は、「ベストパートナー」探しがプレゼンの場と考えています。企業の持続的成長という究極の目標に対して、「**プレゼンテーションは、すべて顧客のパートナーになる活動だ**」という**姿勢が必要**になっています。

□ パートナーになるために求められるプレゼン

今、世の中には点（その問題に対応した方策）で、いいアイディアを出す人はたくさんいます。面白くて、ユニークで、時にはアクロバティックで…。

しかし、「本当に寄りかかってみたい」と期待し、待望するのは、実は次のような人です。

①企業に対する想い、②的確な課題発見、③新しい価値の創造性、④視野の広さと深さ、⑤生活者への洞察、⑥先読みと長めの発想、そして⑦仕事に対する熱意など、人柄を含めたトータルパワーが優れた人です。

例えば、年間1000以上もの新商品を生み出す清涼飲料業界の中で、誰もがインパクトのあるコミュニケーション（広告・Web他）だけで勝ち抜けるとは思っていません。

モノづくりの段階から流通、広告、顧客対応、企業イメージという一連のマーケティング活動、さらには安全、安心、環境等の社会的責任を含むマネジメントに関わる領域まで、全体最適を求めています。

点（1つのアイディア）で多くの人を動かしたころと違い、今や線となり、面となる統合的な知恵のプレゼンテーションが不可欠になっているのです。

第6章

ひとつ上の
プランナー視点

世の中の評価は「姿勢」で決まる

「幸せを創る仕事」と考える

人の幸せに、人の喜びにつながっているか

□ プランナーの仕事は「幸せを創る仕事」

「稼ぐ、儲ける」だけの視点のプランニングでは先に続きません。「幸せを創る仕事だ」という強い信念を持ちましょう。

人間は間違いなく、幸せになることを目指しています。もちろん企業のビジネスも、「人間の幸せ」という究極の目的に関わってきました。

当初は、モノの所有や技術の進歩が喜びをもたらし、便利で効率的で、何より新しく珍しいモノを生み出す、つくり手主導によって人々は満足を手にしました。

しかし今、モノ余りの時代。人々の欲望はバラバラです。しだいにモノから幸せ感は離れ、生活者が主導し、自らの生き方、暮らし方に合わせたことに幸せを感じるようになっているのです。

□ 「モノの豊かさ」から「ココロの豊かさ」へ

これまでは、「モノの豊かさ」は客観的で科学的。目に見えるものや技術の進歩で豊かさを感じてきました。それが「ココロの豊かさ」へと生き方に移ってきたのです。主観的で社会的なのですから、その真中から「人」を外しては成り立ちません。

ニーズは「生きるために必要なものから、心の充足を求める生き方の欲望」へ。市場でヒットする商品は、ほとんど生き方や暮らし方に関わっています。良質なモノの上に、ソフト化・サービス化が付加され、精神的な満足をあわせて手にするアプローチです。

例えば、チョコレートひとつとってみても、免疫性であったり、美容にいいであったり、メタボ対応であったり、ストレス効果であったりと、付加価値をひたすら求めるのです。

□ 人の気持ちを動かす価値をつくり出す

大きな市場を形成した緑茶飲料市場も、モノ（緑茶）×健康、モノ×美容、モノ×医療、モノ×環境、モノ×安心がうたわれています。ノドを潤すための清涼飲料に、高血圧予防の価値を加えたり、メタボ予防の価値を加えたり、ニーズに合った新しい意味を加えることで、新しい価値観を創り出しているのです。

まさに、「生き方」あっての発想です。「人間らしく生きること」と「より魅力的に生きること」のために何が提案できるのか。生活に与える感動の大きさで、ニーズの大きさが決まり、それが新しい必需品になっていくように思います。単なる改良やグレードアップじゃない、革新につながるプランニングが望ましいのです。

□ 人が幸せになる物語を描こう

相手からのプランニングの依頼に、そんな物語は描かれていません。それも当然のこと。ほとんどが課題や悩みや迷いごとに対する依頼です。つねにネガティブな状態からのスタートです。

そこをポジティブな物語に創り変えてあげるのが、プランナーの仕事です。高い志を持って、社会と企業が一体となって、世の中をどう幸せにするか。幸せのヒントをどうすれば手渡せるのか。そのビジョンとストーリーを描いてください（図56）。

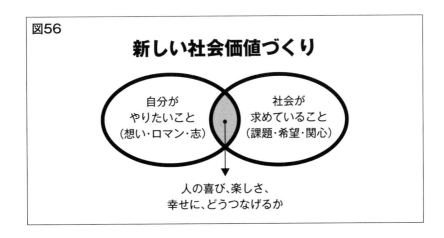

図56

新しい社会価値づくり

自分が
やりたいこと
（想い・ロマン・志）

社会が
求めていること
（課題・希望・関心）

人の喜び、楽しさ、
幸せに、どうつなげるか

プランナーの仕事は、「明るく楽しくする方法」や「先を良くする方法」を探し出し、創り出し、物語を描き、世の中に提案すること。どんな夢を与えられるのか、相手をワクワクさせたいものです。

□ 幸せをテーマに周りをどう巻き込むか

例えば、「金沢21世紀美術館」。

美術館というと、どうしても重厚なイメージで、人を寄せつけない雰囲気が漂います。そこで、市民や県民を巻き込む「幸せの物語づくり」からこの美術館は生まれました（51ページ参照）。

未来を担う子供たちが希望を持てる施設にしたい…。体験型でファミリー層を取り込みたい…。地域や街のシンボルとなりたい…。そんな想いが実現し、「街の広場になる開かれた美術館」が生まれました。

さらに先に向かって夢広がる美術館のストーリー（展開案、施策）は、街のアミューズメントパーク化へ。とくに子供たちに向けて、次々にアイディアを打ち出しています。

公園内のように、触れたり、乗ったり楽しめる作品群、作品を持ち込む「出前授業」、子供たちへの館長の講演会、体験型のイベント開催、「ミュージアムスクール」への招待、「もう1回券」の配付、子供会員制など、子供から家族へ、家族から市民へと輪を拡げています。結果、地域社会の誇りとなっているのです。

現代のプランニングは、新しい付加価値を社会に与えることでプランナーとしての存在価値を高めていくことができるのです。

② 「社会」との一体感を持つ

ソーシャルイノベーターを目指そう

□「社会」を外してビジネスは考えられない

プランナーは、社会全体をテーマとする「ソーシャルプランナー」としての視点、姿勢が不可欠になります。

それは、企業の存在自体が、社会を外してはまったく存在しえなくなってきたからです。

次ページ図57は、2020年2月の春、日本経済新聞から拾い出した、ソーシャル・イシュー（社会的争点）となっているキーワード。拾い出されてみると誰もが気になる重いテーマだと思いますが、いかに社会的争点が多いかに気づかされます。

当然、企業も気づいています。今まで、モノの機能や品質に価値を求めてきた企業も、人の生活、環境、暮らし方との関わりを考えないと企業の存在価値が薄れていくのはわかっています。

「いいものは何か」ではなく、さらにこの社会争点を超えて「人が喜ぶものは何か」。モノに代わる幸せ探しをする、新しい切り口のプランニングが必要になっているのです。

□すべて「ソーシャル領域」からの視点で

単にモノをつくって、売って、儲ければよいのではなく、社会と関わって一緒に幸せになっていく時代です。

①社会的需要のあるモノ・サービスへ、②社会的需要を新たに創り出すビジネスへ、③社会的課題（悩み）を生まない企業活動へ、とすべての活動が、社会との関わりを持たないと存在意義を問われます。

そこでは企業の一方的な思い込みは通じません。地球の、社会の、生活者の争点を踏まえた上で、双方向の幸せ探しをしていくのです。

図57

ソーシャル・イシュー（社会的争点）に フォーカスしてみる

①地球環境と共生
（温暖化、プラスチック、貧困、難民、水、食糧、食品ロス、エネルギー）

②都市と社会基盤
（街づくり、スマートシティ、インフラ整備、都市集中、コンパクトシティ）

③地域社会とローカリティ
（地域コミュニティ、人口減、地域活性化）

④医療と健康
（百年ライフシフト、介護、高度医療、健康寿命、ウイルス）

⑤安全・安心
（自然災害、防災・防犯、ミサイルの脅威）

⑥教育・学び・人材づくり
（生涯学習、学力低下、生きがい、日本人らしさ）

⑦ビジネスモデルと働き方
（多様性社会、女性活躍、労働問題）

⑧技術と情報
（AI、IT、ロボット、5G、遺伝子、バイオ）

⑨少子・高齢化・人口
（少子化、日本の人口減、高齢化社会、ユニバーサルデザイン）

⑩文化と生活様式
（インバウンド、クールジャパン、オリンピック・パラリンピック、大阪万博、日本文化保存）

□ 社会への視点はイノベーションにつながる

　図57にあるように、私たちの周りには多種多様な社会問題が顕在して
います。それらの課題を市場としてとらえ、ビジネスとして新たな事業
性を確保しようとする活動が「ソーシャルビジネス」です。大企業は当
然として、とくに中小企業にとって自らを変えるチャンスだと思います。

　今、日本の会社の99.7％が中小企業であり、彼らの元気が、実は地域
の活性化に大きく影響を与えています。そして中小企業の元気は、日本
の元気でもあります。

　企業はいまや規模ではなく、地域に根ざし共に発展していく時代で、
もっと地域社会の視点を持てば、新しい世界が見えてくるし、元気にな
る早道だと思うのです。

□ 「地域」を入り口に、ソーシャルプランニング

　地域企業こそ「ソーシャルビジネス」に挑戦し、新市場へ、イノベー
ションへと、大きく飛躍できるチャンスです。地域社会の課題がよく見
えるだけに、人々が求めるニーズに深く入ることができます。

　健康寿命、介護、子育て、観光、農業、高齢化、安全安心、ヘルスケ
ア、IT化、災害、再生可能エネルギーなど、地域の課題に関わることで、
社会貢献しながらビジネスとして創出できるのです。

　自社の技術や経験にとどまらず地域企業とコラボレーションすること
で、イノベーションにもつなげていけます。地域の人が見え、悩みもニー
ズも技術・経験も、他業界のビジネスパートナーもよく見えているは
ずです。

　あとはプランニングだけです。

　もっとも身近な人たちの課題解決をしながら、新しいソーシャルビジ
ネスを創り、地域社会に喜ばれ、自らの誇りとなるソーシャルイノベー
ターを目指しましょう。

③ 「ブランド」につなげる

信頼され、愛され、持続するように

□ そのゴールは「先につながるか」

プランニングは、2つの目的を同時に達成することです。

1つは課題解決すること、もう1つは課題解決をしながらイメージを残すこと。この2つができてプランニングと言えます。

私は、広告は経費ではなく投資だ、と強く言い続けてきました。広告が世の中に出て一瞬で役目を終えるのではなく、モノを売りながらイメージを残していくということです。

このイメージが蓄積され、企業の資産となり、その評判によってすべてのビジネス活動をやりやすくしていきます。

瞬間花火のように散るのではなく、ブランドにつなげていきます。このような意識の積み重ねの結果、揺るぎない企業ブランド力となります。

プランニングも同じです。

人、コスト、時間をかけて依頼主はプランニングを実施するのです。それに見合ったイメージを残し、累積し、持続的発展につながることを期待しています。どんなに小さなテーマでも。「その先につなげること／ブランドにつなげること」という意識は欠かせません。

□ ビジネスの究極の目的は「持続的発展」

一瞬でパッと話題になって、パッと消えていくのでは、経営者の社会的責任感がなさすぎます。企業の経営は「永続性」がすべての出発点と言われ、そのために顧客の満足を通じて、顧客を創造・維持し、それによって永続性を図る。あらゆる企業活動が、この姿勢にかかっています。

当然、プランニングも、それを踏まえて目的を達成するためのものです。プランニングは、あくまでもビジネス活動に関わるもの、ただ単に

意表をつけばいいというものではありません。長い間、モノが売れ続けたり、企業が信頼され続けるようにする必要があります。

　そのために「未来に向けて約束する」「将来を描く」「新しい変化を創る」。そして、流行に左右されず、ひとつの核心（理念・ビジョン・ミッション）を継続することに価値があります。

　「今、いいものは何か」ではなく、「次の手は何か」。その時、その時の積み上げ方式では、時代に振りまわされるだけだからです。

　つねに長いスパンで考えたプランニングを提案したいものです。

□ 食卓に新しい風を…提案を…

　1925年、国産第1号のマヨネーズを世に送り出した「キユーピーマヨネーズ」。その日本No.1ブランドの道のりは、ただひたすら日本の食生活の変化に対応し続けた歴史だと思います（と言えるのも、1968年味の素マヨネーズ新発売に関わった私にとってとても関心の強い巨人のような商品だったからです）。

・戦後の野菜不足の中でひたすら食べ方の提案をし／食の洋風化をリードし／いち早くドレッシングの普及を進め／パン食の拡大に合わせる／食の嗜好化が進む中でライト感覚の商品を／ファッション性ある食感（生クリームのようなホイップ感）へと進化／関心の高まる健康への配慮にノンカロリーを。生活習慣病対応の特保商品化へ／さらに新食感・個性化など、商品化と合わせた新しい食生活への提案はとどまることがありません。

　つねに先を読み、提案し、変化し続けることで、No.1ブランドを維持しているのでしょう。

□ 伝統を守り、革新し続ける

　創業500年近い和菓子屋「虎屋」の歴史は、そのすべての企業活動が、ブランディング（のれんづくり）の考えの継続でなされてきたのでしょう。

　売る・稼ぐだけを必死にやっているようでは、こうはいきません。

　「和菓子を通して日本の四季、文化を残したい」と、商品もサービス

187

も情報も店舗もイベントも、文化活動も、施設も、このビジョンに向けての商いなのです。

　何度か足を運び、そのもてなし、たたずまいを体験するほどに、ブランドに対する奥深さに感じ入ります。

　どんなに小さなプランニングも、先につなげる意識と累積でブランドイメージが育っていきます。

　ブランドとは、「企業と顧客の間にある信頼の証」です。顧客が持っているイメージであり、あくまでも判断基準は顧客にあります。それだけにブランドイメージをつくるのは尋常なことではないのです。

□「どうしたら持続できるか」が最大のテーマ

　地球規模で確実に拡がっているキーワードに、

　Sustainable「持続する」

　Sustainability「持続可能性」

　があります。1992年の環境問題を考えるブラジルでの国際会議から端を発し、今や各国が、各企業が、「人類の行動と地球の営みがバランスのとれた形で共存できる社会」を目指しています。

　さらに、ここに来て「もっと行動を…」と、国連はSDGs（持続可能な開発目標）を掲げました（2015年）。貧困、飢餓、健康、教育、働き方、気候変動など17項目で、2030年の達成行動目標です。

　例えば、「食品ロス」の問題。SDGsでは、2030年までに1人当たり食品廃棄量の半減。世界で年間、13億トンを減少させること、と課題解決を迫られるようになりました。

　そこに持続的な企業目標達成と、社会課題解決を両立させる「サスティナブル・マーケティング」が求められてきているのです。

　企業が持続可能な社会を維持しつつ行うマーケティングアプローチも、これからのプランナーのテーマのひとつとなっています。

つねに「ボーダーレス」で考える

すべてのキワが外されボーダーレスに

□「越境人間」のすすめ

　ある化粧品メーカーのトップとの話の中で、「研究者にはボーダーを超えられない悩みがある。同じ枠の中から飛び出せないから、どうしても鮮度がない」との話がありました。

　また、「無境界主義」（日本経済新聞）という記事の中で、加藤秀俊氏（中部大学顧問）は、「境界を設けたとたん、人間の発想は途中で止まるようになります」「細分化も大事だが、それだけで済ますと大きなものが見えなくなる」と語っています。

　つまり「考える人すべて」に、ボーダーを超えることが求められているのです。

　なぜなら、創造とは、「既存の情報と情報の組み合わせ」であり、「異質なカルチャーとの接触から新たな知恵を生む」ものですから、キワをつくっているわけにはいかない。

　自分の手持ちの情報で、専門領域の中で、社内事情内で、モノを考え、組み立てても新しくなりません。仕事のヒントは自分の外に、会社の外に求める時代なのです。

□ 超ボーダーレス社会へ

　自動車産業は、「100年に一度の変革期」を迎え、各社CASE（コネクティッド、自動運転、シェアリング、電動化）に向けた新たなサービス対応を構築しようとしています。

　トヨタやVW（フォルクスワーゲン）など各自動車会社は、それぞれ次世代技術で他社との連携を進めています。もう社内だけで対応することはできません。「所有から共有へ」の移動サービス業への変化に対応するには、オープンイノベーションが欠かせないのです。

2019年、トヨタは大手企業40社と連合し、「イノベーションテック・コンソーシアム」を設立。新しい形態の「アイディア取引所を開設し、新しいサービスや製品の創出」を図る仕組みづくりが始まっています。

□ キワのないマルチプレーヤーを目指す

現代は、本業一筋といった、教科書どおり手本どおりのビジネスが消えかかって、専門領域というキワがあいまいになってきています。

AKB48の総合プロデューサーの秋元康氏は、何屋さんと言うのでしょうか。昔は専門家だが、今は「〇〇屋」という肩書がつかないぐらいのマルチなタレント性のある方が、ずい分増えています。

そのベースにあるのが、知識であり、体験であり、創造性であり、キャラクターであり、人とのネットワークであり、物事に対する好奇心であり、人好きであり、ポジティブ性であり、視点の柔軟性であり…と、自らの枠をつくらないボーダーレスな人たちだと思うのです。

こうしたベースの上で、より創造的なプランナーを目指してほしいものです。

□ 外は敵ではなく、味方

現場時代、「異質を愛せ！」を口癖にしていた上司がいました。外との組み合わせが予想外の発見につながること、思わぬ創造性を刺激すること、が期待できるからです。

そして、外の人、外の情報、外の空気、外の業界…この得体のしれない外との接点を楽しむ体質づくりを狙っていました。異質な人との接点は、異質な領域に挑戦することと同じです。

新鮮さもあって、ぶつかるほどに新しい反応が起こります。これからは、ボーダーレス社会で戦うための「前提や条件がつねに動いている」環境だからこそ、自在な「外」という味方をつくりましょう。

専門領域を超え、部門を超え、業界を超え、想定外の発見を。第3章で述べたように、外はライバルではなく、みんな味方です。**「外」があるから、自分も変われる**、という姿勢が大切です。

破壊から「未来」を創る

過去を否定し、前例を壊す勇気を持つ

□ 創造は破壊することから始まります

創造とは、「独自に新しいものを創り出すこと」であり、異質な情報を組み合わせることで生まれます。そのためには、過去を否定し、前例を壊すことで、新しさをつくり出していきます。

アイディアもコンセプト表現も、そしてプランニングも、すべて破壊によって始まります。

人々の関心事が永遠に変わらないなんて、ありえないからです。ただし、今ある価値観を捨てるのはとても難しいことです。今のルールに寄りかかったり、実績に頼っているのはとても安心です。人にも納得させやすいですし。

その結果、今までいい思いをしていた企業や商品ほど、対応が遅れ、動きがとれなくなるものです。どうしても過去をひきずってしまい壊せません。

□ あの「KODAK」でさえ…

100年を超える伝統的なアメリカのフィルムメーカーKODAKが2012年に倒産しました。プロの写真家、世界の映像作家がこぞって信奉し続けてきた、あのKODAKが。

これもデジタル化への対応の遅さが原因と言われています。かたや富士フイルムは、化学メーカーへと変貌をとげていきます。時代は動き、いっときも同じ状況はありません。人間の集団だから、価値観や習慣は変化していく。その動きを早めに察知し、その時代に一番合った入れものを創造するのです。

□ 時代が変わるのに、このままでいいのか

　会社も組織も、ヒトも、モノも、「このままでいいですか」と問われています。モノ余り、コモディティ化（汎用化）はさらに加速します。江崎玲於奈氏はかつて、「現代人に求められているのは、パラダイム（発想の枠組み）を変えるという意識改革です。将来は、現在の延長線上にないのですから」と語っています。

　下の図58を頭の中に入れて、このマトリックスのどの位置に変化させていくかを考えます。

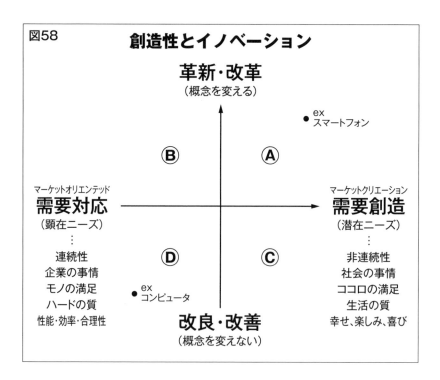

図58

創造性とイノベーション

革新・改革
（概念を変える）

ex
● スマートフォン

Ⓑ　　　　Ⓐ

マーケットオリエンテッド
需要対応
（顕在ニーズ）
⋮
連続性
企業の事情
モノの満足
ハードの質
性能・効率・合理性

マーケットクリエーション
需要創造
（潜在ニーズ）
⋮
非連続性
社会の事情
ココロの満足
生活の質
幸せ、楽しみ、喜び

Ⓓ　　　　Ⓒ

● ex
コンピュータ

改良・改善
（概念を変えない）

　あらためて、「創造とは破壊」です。だから革新が生まれてきます。新しいものを創り出すには、

・過去を否定し、前例を壊すこと
・習慣やルール、従来の価値観を捨てること
・既成概念を打ち破る

・当たり前を疑う、規則を破る
・境界線を動かす、飛び出していく
・非現実、空想にふける
・不思議を探す
・逆転の発想をする
　ことが必要になります。

〈その結果〉

　「これはユニークだ」「なるほど、そういう考えもあるのか」「今までの考えは、何だったのか」「そこまで気がつかなかった」「そんな見方があったのか」「なぜ、今までこれがなかったのか」

　こんな驚きを手に入れるために、「今」を破壊し、未来への提案をし続けてください。

□「変えるもの」と「変えないもの」

　ここで大切な視点があります。

　「変えるもの」と「変えないもの」の見きわめです。変化の時代、変えることで新しい価値を創り出します。しかし、企業活動はエンドレスで、組織やブランドや市場が存在するかぎり、継続と累積が基本となります。

　ヒトにもモノにも累積した資産があり、これは持続し、さらなる成長を目指すのが、企業の永遠のテーマだからです。

　「何が本質か」「何を残し、何を強めるか」

　「何を変え、何を新しいパワーにしていくか」

　伝統は革新を繰り返すことで伝統になり得る、という変わらぬ姿勢の中で、変わらないものと変わっていくものの両輪を動かしていく…。

　松尾芭蕉の俳諧の理念に「不易流行」があります。「不易を知らざれば基立ちがたく、流行を知らざれば風新たにならず」（いつの時代にも変わらぬ本質を忘れない一方で、つねに新しさを取り入れていく姿勢）

　ビジネスのプランニングに欠くことのできない視点です。

⑥ 論理の「その先」を描く

好き嫌いを本気で考えるのが創造

□「わかるけど、面白くない」

　私の現場時代は、「課題を解決する」という意識より、表現主義で、感覚的な広告づくりでした。その中で、私はどちらかというと、状況を客観的に観察し、判断し、できるだけブレなく正しい答えを出すタイプのコピーライターだったと思っています。

　しかし、周りからは「正しいけど、面白くない」、「いいけど好きじゃない」。先輩からは、「そんなので、人が喜ぶの？」と、けっこう自分のスタイルを否定されたものです。

　事実に合っていても、真実に触れていない…。相手が動いている、変わっていることを、洞察することなしに論理的につかみとり、過去のデータ、情報から組み立てていたのでしょう。

　「それはわかった。そこから先、どうしたいの？」という構造になっていなかったのです。「いいか悪いか」で判断するとみんな同じところにいきます。

　考えるとは、「いいものは何か」ではなく、「人が喜ぶものは何か」を見つけ出すこと。好き嫌いを本気で考えるのが創造です。そして、「そんな手があったのか！」と相手を感動させることがゴール、と考えましょう。

□ 論理で違いを出すには創造性が不可欠

　競争環境やルールが次々に変わる時代には、与えられた前提そのものが変わっていきます。論理的に思考するだけでなく、つねに創造力を発揮して「非連続的に考えること」が不可欠になります。

　データや情報、事例、ルールをそのまま受け取るのではなく、「その先」を考えるのがプランニングなのですから。

ビッグデータの分析から正解は出せるでしょうが、共感や感動は生まれません。論理性は、誰にでも見える確かな存在ですが、ここに寄りかかって合理性、平均値を目指したのでは、個性化とか差別化の逆をいくことになります。パソコンの性能だけを論理的に追い続ける発想では、「指ひとつで暮らしを変える情報端末（スマートフォン）」など生まれることはなかったでしょう。

創造性は、目に見えぬもろい存在ですが、それでもここに入っていかないと、①違いは生まれないし、②オリジナリティもないし、③理屈抜きに「好き！」という感情など生まれません。

第1章（28ページ）でも述べたように、「ベストは過去にあるのではなく、将来にある」のです。そこに新しい意味、価値観、提案性があり、インパクトを与えてこそ、「考えること」の存在意義があります。

□ 論理の「その先」をどう創る？

生活者自身が超ボーダーレスになっていると何度も述べてきました。人間は、合理的であると同時に、不条理な存在です。欲望、夢、習慣、憧れ、クセ、好き嫌いなど、多様な思いの中で生きているのですから、論理と創造を行き来しています。そうした人間を相手にするのですから、柔らかな発想であってほしい。そして、全体を俯瞰しながら、「その先」への視点を強めてほしいのです。

A 新しい価値観があるか

目の悪い人ではなく、「メガネをかけていない人を狙え！」と発想を変え、新ジャンルに挑戦。メガネチェーンの「JINS」が、新しい価値を求めて次々に機能的メガネの開発をしました。

・ブルーライトから目を守るメガネ　・センサーで居眠り防止、働きすぎ防止メガネ　・保湿効果のあるメガネ　・花粉カットのメガネなど、徹底してニーズに合わせていきます。

B ホカとの差別化があるか

地域の高齢者、子育て家族、働く女性のために、現代版・御用聞きを目指そう！　セブン-イレブンは、スマホから注文すると宅配で商品が

受け取れる「ネットコンビニ」をスタートさせました。2万店が、2800品目、2時間以内、3000円以上購入なら送料無料、というもっとも身近な配達の仕組みづくりです。

C　時代の予感があるか

SONYは、「見たことのない夢を見せてあげる」と、暮らし方・生き方を提案する需要創造型を目指したい…と。そのひとつが、「レオンポケット」。専用のインナーの首元にデバイスを入れることで、スマホで温度管理のできる「着るクーラー」です。ファン付きウエアと違う発想で、89gと軽いインナーで目立たず、夏の暑さの救世主を目指す。

D　戦略性があるか

もっと男性にメイク化粧品を、と本格的にメイクを定着させる戦略。企業の社員や就活生に身だしなみとしての清潔感が重視され、男のセンスアップとしてメイクという新しい文化を提案する。「ファイブイズム・バイ・スリー」（ポーラ・オルビスHD）は総合コスメブランドで、男のメイク、スキンケアを当たり前にしていく。

E　人の幸せや喜びにつながるか

あらゆる外食グルメが楽しめる…と、「ウーバーイーツ」の四角いバッグを背負った自転車が街の風物詩となる。ピザや寿司といった特定のメニューだけでなく、様々な店のメニューが並ぶ。自宅に限らず、オフィスや公園、外出先でも料理が届く手軽さでユーザーを魅了し、新たな宅配注文需要を生み出している。

F　ブランドにつながるか

日立製作所が掲げた「日立はすべてを、地球のために」をスローガンに、一大キャンペーン「環境ビジョン2025」をスタートさせている。「年間1億トンのCO_2排出抑制」に貢献するという。日立グループの強い思いと決意だ。単なる言葉だけでなく、社内・社外にコミュニケーションすることで、自らの責任を問い続けていく…この蓄積こそ、揺るぎないブランドになる。

動かす「仕組み」がある

行動のないプランニングはない

□「動かしてナンボの世界」がビジネス

「表現しただけでモノが動くわけではないし、ビジネスにもならない」

「動かす仕組みのないものは、いいアイディアとは言わない」

よく現場で飛び交っていた言葉です。

私たちの言うアイディアとは、ビジネスの課題解決のためのアイディアで、そこには「考えて・創って・動かして・成果を出す」がワンセットとなっています。

ビジネス社会は、「動かしてナンボ」の世界です。成果を問われ、結果で評価され、信頼され、次につながることが目的です。

企画を立てたり、表現したり、メディアに乗せたり…これらはあくまでも手段と考えています。

この姿勢があれば、動かすために、成果を出すためにどうするか。信頼され続けるにはどうするか。知恵の出しどころが違ってくるはずです。

□ 創って、動かして、世の中を変える

自らのゴールを「結果へ、成果へ」と強い意識を持つこと。それには戦略発想とか全体発想と言われる、戦略と戦術が一体になったひとつの仕組みが必要になってきます。

複雑で多様なビジネス社会で、その場その場だけの「点」の発想では戦えません。部分部分に対応していると、その場の状況に振りまわされるし、ブレるし、自らを見失います。

こうした競争社会の中では、まず全体を描いてから部分に対応する戦略発想が欠かせません。ひとつの全体を描き、先の展開を創る「先回り」の思考です。

もともと戦略・戦術は、戦争や政治闘争用語を、市場戦略の手法とし

てマーケティングに取り入れたものです。

　ここで戦略と戦術を動かす仕組みの関係を、次の2つの例からイメージしてください。

〈トヨタの例〉

　トヨタの「つながる都市」建設へ──「世界をより良い場所にしたい」をコンセプトに、実験都市づくりを開始。AIやロボットの活用を探る。

戦略　様々なモノやサービスがインターネットでつながり、住民の利便性向上につながる実証都市「コネクティッド・シティ」を静岡・裾野に建設。都市設計をデンマークの建築家に依頼する。

戦術　トヨタの従業員ら約2000人が実際に暮らす（着工は2021年予定）。インフラには太陽光や水素による発電を活用。住宅ではセンサーとAIを使うことで、冷蔵庫の食べ物や飲み物を自動でチェックしたりできるという。トヨタが開発中の自動運転電気自動車「eパレット」が住民の移動や荷物の運搬などに重要な役割をはたす。

〈ライザップの例〉

・単なるジムの経営ではなく、三日坊主市場の開発を目指す。

・コンセプト：「さらば三日坊主！」。ダイエット、身体づくり、英会話、ゴルフ…と、三日坊主市場の大変さを解消し、結果にコミット。

戦略　「三日坊主市場ビジネス開発」

戦術　三日坊主解消の仕組みづくり

「個室でマンツーマン指導のシステム化」

トレーナーがマンツーマンでトレーニングから食事までチェック

・結果を目的とする

・挫折させないプロの対応

・人が変われることを証明する

・くじけそうになると寄り添う

・トレーナーの顧客とのつながりを大切にする姿勢

　誰もが経験のある三日坊主の弱さを見事に解消する、人と人との関係づくりを仕組み化することで、結果を出していく。

8 「現場感」を外さない

汗をかくことで大切なことが見えてくる

□「事実」のその先を推察する

　求められている創造力とは、例えば「Aが流行している」という情報を得たとします。その反応として「じゃあ、Aでいこう」ではなく、「じゃあ、次はどうなっていくか」「その先に、何があるのか」と、自分の創造性を発揮することです。

　今、見えているということは、Aの流行はピークであり、過去のもの。安易に乗るのではなく、「絶対、その先を狙う」という強い姿勢が必要です。そのためにも、新しい兆しを求めて現場です。現場とは、第3章の「人間洞察」でも触れたタウンウォッチングです。

□日頃の問題意識が問われる

　「好奇心という原動力に勝る調査はない」という強い信念を持っている元・博報堂生活総合研究所のS所長は、「ビジネスのオリジナルは、すべて現場にある」と言い続けています。

　研修の講師を依頼すると、タウンウォッチングを基本とした発想法を説きます。好奇心を持ち、自分の目で見て、自分の脳で考える…。

　自分の身体を通すから、オリジナルが生まれる。そんな基本姿勢を育てるトレーニングでもあります。そして、「足で考えろ、足で書け」と、現場からすべてが始まるのです。

　毎年、新人研修の中にタウンウォッチングが取り入れられています。

　テーマは、「街に出て自分の目で街や店、モノや人の動きを観察し、その結果を自分なりに考察しなさい」。1日がかりで街を歩き回り、その考察によるまとめを発表するプログラムです。

　大学を卒業するまでの22年間、常日頃、どんな問題意識を持って、どう生きてきたか。それを現場に落とし込んで、そのテーマをどう深掘り

できるのか。各自の視点が問われます。

　観察・洞察が発想の核となっていることが前提です。その上に新しい視点、発見をどう加えていくか。最後に独自のまとめ方、表現でどう他人を納得させ共感させられるか。ここで、まず自分自身の視野の狭さを知ることになります。

□ ネットで手に入らない臨場感が「知恵」になる

　情報や知識は、単独ではあまり意味を持ちませんし、時間とともに消えていきます。世の中との双方向に受発信して初めて、新しい意味や価値観が生まれてきます。そのためにも知識の現場化です。図59にあるように、現地での観察・洞察から見る・聞く・触れる・感じる・気づく、そして自分の想いを入れることで知恵になってきます。

　建築家の安藤忠雄氏が、常日頃から発しているメッセージがあります。

　「できるだけ現場に足を運ばないと、人間の温もり、匂い、怒り、驚きはわからない。それがわからない人間がいくらコンピュータを操作しても、創造的なものはできないはずだ。創造力は頭の中の働きだと思われがちだが、実際は感動体験とか生活感覚の中から生まれてくる」

　私もまた、動き回って、嗅ぎ回って、汗まみれの人が一番知恵があると思っています。

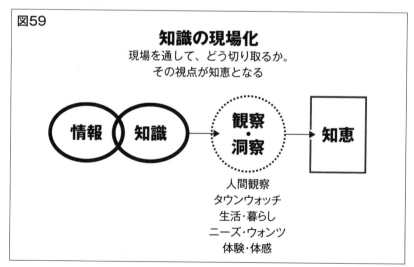

図59

知識の現場化
現場を通して、どう切り取るか。
その視点が知恵となる

情報　知識　→　観察・洞察　→　知恵

人間観察
タウンウォッチ
生活・暮らし
ニーズ・ウォンツ
体験・体感

人間を深掘りする視点

一番重要な情報は人間が運んでくる

□ 一番重要な情報は人が運んでくる

「創造とは、既存の情報の組み合わせ」と何度も書いてきました。この情報で一番大切なのは、人間です。

「どこへ行きたいのか」「何をしてほしいのか」「何が大事か」「どうなりたいのか」人の反応は様々…。そして、この創造の元である人間を外してビジネスは成り立ちません。これもすでに述べました。

人間は、ビジネスの核であり、本質そのものであり、先取りしており、生きている、何より新しい…と。

まさに「人間観察の深さが、ビジネスの根っこ」なのです。

□ 水面下へ。人間の満足を求めて

人間を探る時、次のような視点を持ってください。情報として私たちに見えているのは、氷山の一角で大部分が水面下にあります。商品もカタチやデザインは見えていても、その背景、歴史、理念、プロセス、キャラクターなど、ほとんど水面下です。

同様に、生活者の日常の行動は把握することができますが、水面下では人間の意識はどう動いているのか。次ページの図60をイメージしてください。この水面下に関心が集まってきています。

見えている氷山の部分で組み立てられたマーケティングが、うまく機能しないという反省が大きくなってきたからです。見えない水面下に、もっと大切な本質があるのでは…と探し始めているのです。

20%の合理性と80%の非合理性で生きるのが人間です。これまでの実証的なモダンマーケティング（定量調査）の情報収集があまり機能せず、洞察水面下のポストモダン（定性調査）に移行しています。もっと精神的な価値を重視するアプローチです。

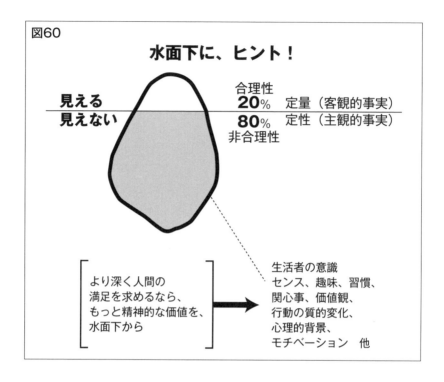

図60

水面下に、ヒント！

見える
見えない

合理性
20% 定量（客観的事実）
80% 定性（主観的事実）
非合理性

より深く人間の
満足を求めるなら、
もっと精神的な価値を、
水面下から

生活者の意識
センス、趣味、習慣、
関心事、価値観、
行動の質的変化、
心理的背景、
モチベーション　他

□ 最後はやはり、プランナーの創造力

「生活者の意見は聞く。しかし、生活者の意見で旗は振れない」というのは、ある外資系メーカーのトップの話。

私のボスも「生活者の意見を聞いて、それに合わせて前提を立てるなら、こんなラクなことはない。意見を聞いた上で、その先をどう読むか、どう人を動かすか。それがプロの仕事だ」と。

私の経験から言っても、企業の当事者でない生活者が、「その企業の未来は…」などと考えているはずはありません。

カタチにして見せるまでは、多くの人にとって「本当に自分の欲しいもの」って意外にわからないものです。

そこでプランナーが、目の前に「ほらね」と予期せぬカタチで現実として指し示すことが必要です。これがプロのプランナーです。

第 7 章

プランナーの
考え方・働き方・生き方

プランニングは全人格的作業です

1

いかに考えるかは、
「いかに生きてきたか、いかに生きるか」と
無縁じゃない。

── 発想って結局、人柄である ──

　「創造する」って、本来、人との違いが表れるようにできています。同じテーマ、同じ課題を出されても、同じ答えにはなりません。当然のことですが、考える作業に〈頭の働きと心の働き〉があります。頭の中だけで完結するならいいが、相手へのアプローチが求められるとなると、言い出した側にどれだけ相手への想いがあるかで差が出てきます。

　どこから情報を集めてくるか、どう言葉やカタチにするか、すべてその人の視点や性格のなせる業です。長い間、同じ得意先を担当していたリーダーは、「あえて言えば、発想って人柄だ」と言っていました。

　「結局、性格のいい人が勝つし、相手から惚れられる。魅力ある人間が語り、行動し、創るものは信じられるし、温かい。わがままはダメ。すぐ底が割れる」

　また、「プランニングする人は、世の中の幸せにどうつなげるかを考えないといけないし、想いがないと」と、彼のキャリアを通して語ります。

　確かに考える作業は、自分の経験や人格からひねり出してくるもの。自分の持っている範囲を超えることはありません。

　自分が成長することで、自分の考える領域が拡がり、オリジナルを生み出す可能性を高めてくれます。磨いて磨いて発酵させていく。自分が成長しないと、人を巻き込めないのです。

　ジャーナリストの辰濃和男氏は、「ひとりよがりなことばかり言っている人が、目配りのきいた均整のとれた文章は書けないでしょう。表面はごまかせても、考えのどこかに出てくるもの。いかに考えるかは、いかに生きるかと無縁じゃない」と語っています。発想って、やっぱり人柄なんです。

「本質」がルール。答えはすべて、相手の中にある。

── 相手が喜ぶことなのか？　相手がしてほしいことなのか？ ──

　私のボスの口グセは、「根っこがないぞ、根っこが…」。山形弁のイントネーションを残しながら、よく言われたものです。

　「高橋くん、こんなんで現場が喜ぶの？」「本当に、してほしいことってこれ？」「これがどうしても言いたいこと？」「これで、よかった！と言わせられるの？」

　と、次々に核心を突いてきます。そして本質さえズレていなければ、GO!サインが出て、あとは時間をかけてプランを磨き続けるのです。

　今、悩みの質が変わってきています。しかも、ひとつとして同じ課題はありません。同じように見えても相手側（クライアント）に事情があり、独自の企業文化があり、価値観の違いもある。

　クセもあり、力の差もあり、それぞれの課題は違うはずです。ボスが言いたかったのも「本質を外すな、本質をつかめ、発想の源泉はすべてここにある」ということだと思うのです。

　博報堂には昔から「既製服ではなく、注文服をつくる会社」とたとえられた、モノづくりの姿勢がありました。すべての事情が違うのだから、同じ答えを出すのではなく、１件１件、知恵を出さないといけない。既成概念というパターンではなく、悩みの本質に迫って喜ばれる、オーダーメイドの答えを出すのが仕事なのです。

　本質って、発見するもので、ひたすら探していると「へえー」「なるほど」「わかるね」「そういうことか」と、力が抜けた時に浮かんできます。

　人の気持ちの中にある、見えなかったことを気づかせる。こんな共感ポイントが本質だと思うのです。プランニングも、受けのいい方法や売れる方法ではなく、「人に好かれる方法」を探すこと、ここに軸足を置いてください。

❸
人間、そんなに差が
あるわけない。
しつこく考えた人が勝つ。

━━━━ センスも創造性も量だ、時間だ、汗だ ━━━━

「アイディアは情報量にしばられる」とヤング氏（『アイディアのつくり方』著者）は言い、「良いアイディアが生み出される可能性は、出されたアイディアの量に比例する」とオズボーン氏（ブレインストーミングの提唱者）は言う。

先輩CD（クリエイティブ・ディレクター）も、「才能は量で鍛えられる」「人間、そんなに差があるわけない。しつこく考えた人が勝つ」が持論です。一見、古い体質の発想に聞こえますが、私の体験を通してみても、これは真理と言えます。あえて、「量にまけるな、汗をかけ」と言いたいです。

このような話はアスリートの世界では当たり前のようにあります。一流選手の名前を挙げて、量や汗の逸話のない人はいないはずです。野球のイチロー選手も松井秀喜選手も、汗をかくことなくして存在はなかったでしょう。

あるコピーライターの話ですが、

「企画力って筋力ですよ。サボると、あっという間に力が落ちる。考えるって、けっこう面倒で、毎日続けないと衰えていくものです」。

まさに至言。アイディアは情報量に比例すると言われ、情報量がないと全体が見えてこないし、新しいことも見えてきません。そこで無理やり拡げ、探し、引き出し、増やす努力をするから、思考が他の領域に侵食していきます。次々に知らない領域に踏み込むから、関連づけてアイディアは拡がっていくのです。

10案くらいなら手持ちの情報でアイディア出しできますが、30案、50案となると、相当の体験や情報の蓄えがないと無理。量を出す習慣を身につけた人が、最後に勝つのです。

❹ ディズニーランドは360度 愛されるようにできている。 無数の「好き」の集合体。

——— 全体の仕組みで「好き」が生まれる ———

フランスのファッションブランド「エルメス」は、19世紀、馬具商からスタートしました。1920年頃、馬車から車への時代の動きに「それなら旅が始まる。そのためにエルメスは何をしたらいいか」。女性の社会進出が始まると、「働く女性に何ができるか。余暇ができたらどうするか」。時代が変わる中で、「あくまでもエルメスであるために、何が変わらないといけないのか」と考える。

全体の戦略と徹底したディテールにこだわることで、エルメスが存在しているのだと思います。

2世紀を超えて「好き！」と言われ続けることは、全体と部分と360度の気配りがないと成り立ちません。モノの溢れる社会では、個人の好き嫌いが100％通る社会でもあります。高品質だけでは価値はない。人間の生き方、暮らし方の提案を含めて、付加価値が必要なのです。

さらに大事なことは、それを生み出している企業そのものを、好きにさせておかないといけないことです。これが企業ブランドです。「点」ではブランドはつくれません。企業のビジョン、商品、店舗、価格、サービス、トップの志、社員の行動姿勢、もてなし、販売促進など、企業全体の仕組みで考えなければなりません。

「ここは好きだけれど、ここは嫌い」では、スキができます。360度から見て「好き」を創るために、企業の全体構想を描けるパートナー（プランナー）が必要になってきます。

プランナーが目指すのも、全体の仕組みで「好き」をつくること。入る時に「期待」、出る時に「満足」を…。リピーター率90％とも言われるディズニーランドには、360度好き、のヒントが詰まっています。

「優しさって、創造力」
相手の立場に立って考える
親切心です。

── 相手の立場に立つから「どう書けばいいのか」がわかる ──

　「どう言われたら、気持ちが動くのか」が想像できなければ、「どう書けばいいのか」は、いつまでもわかりません。

　コミュニケーションの原点、そのものです。頭の中で、相手との想いをキャッチボールしなければ、すべての仕事は始まりません。

　博報堂に入社したての頃、「年上の人に謝罪の手紙を書いてみろ」と先輩コピーライターから宿題を出されたことがありました。「借りた本を失くした」とか、「借りたお金の返済が遅れる」といった状況を想定して書かされました。

　私があまりにも機能的で、無表情で、温もりのないコピーを書いていたからでしょう。相手の顔や暮らしぶりや、部屋の中までイメージした上で、相手とキャッチボールする想いで書くことを教わりました。

　今だから言えますが、思いやりとか気くばりは、想像力の問題です。道徳の問題ではありません。どの程度、相手の立場に寄り添うことができるのか。想像力の欠けた人は、思いやりや優しさを表せない…それはコミュニケーションの欠落です。

　会話だって、相手の求めていることを想像しながら話すから、「そうそう、そういうこと」と、相手は話にのってくれます。

　相手の顔が見えてこない限り、本当のコミュニケーションはできません。

　ビジネスは、人間でできています。数字ではありません。そこに相手がいて、対象がいて、目的があります。その相手を思うことから、モノづくりもモノ売りも始まるのです。相手の立場に立って考える「親切心」…この想像力なくして、ビジネスが続くことはありえません。

今、その「考え」は売りものになるのか?

── 古い概念を壊し「新しい価値」をつくる ──

　「今、このコンセプトは何か」を、私は「今、何が売りものか」と言い替えて考えます。

　そのコンセプトが、時代に合わせ、新しい価値観を持っているのか、それを問うためです。

　そして、それは自分の仕事に課したハードルでもあります。

　「今」という時代の流れの中で、それが売りものになるのか。言い換えると、世の中が求めている価値を持っているのか、どうか。

　例えば、好き嫌いが大きな価値観となっている時代に、本当にこれが好かれて売りものになっていくのか。自問自答します。

　「今、この時代に、これで売れるの?」と。

　これをすべてに当てはめてみるのです。

　今、デパートの売りものは何か(モノでなく業態自体、企業自体の売りもの)。何が存在価値なのか。変わらなくていいのか。今、コンビニの売りものは何か。銀行の売りものは何か。

　すべての産業、業態、企業や商品に当てはめて使ってみると、生活者との関心にズレがあるように思われます。

　例えば、書店の売りものは…。「本を売ります」などとは安易に言えません。あえて言えば、文化を売ります。コミュニケーションを売ります。安らぎを売ります。

　例えば蔦屋書店のように、「コト」を重視した脱・本屋もあれば、大きく飛躍して、1500円の入場料をとる書店「文喫」(コーヒーを飲みながら仕事のアイディア出しからデートまで、一日中いられる本屋)、ブックホテル「箱根本箱」、マンガアートホテルトーキョー「漫泊」など、新しい価値観づくりに挑戦しています。自らの売りもの探しです。

7

人間の観察の深さが
ビジネスの
根っこになる。

─── 日常がすべて、毎日が研修 ───

　手持ちの情報のない人は、何を考えてもすぐに思考が止まってしまいます。創造は、「自分の持っている情報にしばられる」という原理原則を認識してください。そのため毎日、意識して情報を蓄え続けるのです。

　「情報持ち」の人には、いくつものポケットがあるとか、いくつもの引き出しがある、と言われています。

　好奇心のおもむくまま、ひたすら集めるのです。野球の素振りのように。素振りをしたからといって突然打てるようになるとは言えませんが、やらなければ確実にチカラは衰えます。

　情報は、貯まるほどに、情報を組み合わせられる数が増えるのですから、発想は拡がるのです。

　博報堂の例ですが、連日キャッチフレーズ100本。新人コピーライターに100本ノックの雨を降らせます。最初の20〜30本は手持ちの情報で書けても、そこから先は、産みの苦しみです。今までの自分の行動半径、経験、知識、情報の少なさ…すべてを悟る時間になります。

　そして、この期間、未知の領域を無理やり拡げていくことで、「異質なものとの組み合わせ方を発見する」、そのコツをつかんでいきます。

　ある企業のプランナーの研修「発想レッスン」のテーマは、「メディアウォッチング」。

　1か月間、新聞を読み、新しい時代の兆しを感じるキーワード100本を探し、そこから厳選3本を発表。さらに言葉を組み合わせて新しいビジネスの開発提案へ。専門外の世界を見て、世の中の動きを探り、洞察し、言葉からイメージを描く発想の訓練です。すべてのプランナーが求められる総合力と創造力を高めるためです。

❽ カタチを真似るのでなく、その裏にある考え方、生き方、仕事の仕方の「本質」を見つける。

いくら真似ても本物は超えられない

博報堂は業界No.2と言われ、何かとNo.1の会社を意識することが多かった。そのたびにトップに言われます。

「同じことをやってどうする！」。そして、「No.2としての個性を、魅力としてどう創るかだ」と。

ある制作グループのルールは、「自分の考えを持たないもの、自分のアイディアを持っていないものは、会議室に入ってくるな」「広告年鑑、写真集など既存の作品集を持って入るな」でした。

グループのリーダーであるCD（クリエイティブ・ディレクター）の口グセ「人真似は、自分に何もないことだ」を、スタッフに徹底して染み込ませていくための約束です。

どんなに稚拙であっても、自ら考え、自らの身体を通したアイディアを生み出すことを、リーダーは求めているからです。

苦しくなると、つい逃げて、既成のパターンや昔の事例にヒントを求めていきます。そして、依頼主のオーダーに合わせていきます。この弱さを若手のうちから断ち切りたいのです。

もちろん、「学ぶとは真似ること」からきていることは知っています。私たちも真似ることで多くのことを学んできました。しかし、真似るのはカタチを真似るのではなく、考え方、取り組み方、生き方の本質を探るために必要なのです。

なぜ評判がいいのか、なぜここに人が集まるのか…。その根っこを発見するために、見たり聞いたり真似たりすることは不可欠です。

でも、真似ると言わずに学ぶと言いたい。学んだ上で、違う道をどう探すか。ありがちなパターンより、自分のリアルな感情のほうが、断然強く人の心に響いてくるものです。

「粒ぞろい」より
「粒ちがい」が
理想。

── 個人のブランドがものをいう ──

「粒ぞろい」より「粒ちがい」というキーワードが博報堂に立ち上がったのは、40数年前のことでした。

「粒ぞろい」は、高度成長期の生産中心社会にとても役立ちました。みんなが同じ目標に向かって、一所懸命、品質を磨いていく。しかし現代は、強く個を求め、好き嫌いを主張する「生活者中心社会」です。

広告の依頼主である企業が求めるのは、変化の時代のソリューションサービス。それも実践を含めた統合型の全体サービスへと、より高度な課題解決を求めています。となると、生活者と企業の真ん中に、「粒ぞろい」ではなく「粒ちがい」がどうしても必要になったのです。

広告会社には商品も工場もありません。あるのは情報と知恵と技術で、自ら考え、創り出し、商品化しないと売りものはないのです。

私のボスも笑いながら、こう煽ります。

「自分の能力を金にかえる──これがビジネスだ。そのためにも自分の売りものをつくれ。自分の得意技を持つ。自分の色を出す。自分のユニークさをつくる。時間をかけて磨いて、売りものにしていく。ここで初めて、金になる」

「人のやれないことをやり、人のとれないぐらいの金をとる。高いと言われても、これならしょうがないと思わせられるかどうかだ」

今はソフトとハード、サイエンスとアート、客観的論理と主観的感性など、相反する視点や見識を持つ魅力的な人が、自らの存在感をより高めています。

そして成果を期待できる個人に、顔の見える人のところに、仕事がやってくる…。良質な個人主義の時代になっているのです。

創造性の高い人ほど、普通のことにおそろしく「気づく」。

気づくから動く、動くから変われる

現場の人材育成には、教育でなく「発育」という考え方が基本にありました。本来、教育の意味は、教え、育てるのではなく、「考えさせる・自発的な行動を引き出す」こと、と考えているからです。

あらためて調べてみると、「教育」はラテン語、「EDUCO」からきていて、育て・育むことです。手とり足とり教えていくことではないようです。

江崎玲於奈氏は、「自己発見が教育プロセスで最重要」（リベラルアーツ・エデュケーション）と言い、「自分がリスクを負って、自分で自分の新しい道を開拓する人づくりが教育だ」と言います。

私も基本は「気づき」を与えることで、手とり足とりはまったくしません。「そもそも創造とは…」「何ができて考えたと言えるか」「思いやりって想像力だ」など、仕事に取り組む姿勢を手渡してきました。

それは育ってきた会社の環境がそうだったことにつきます。個を強めながら、仲間と同じ釜のメシを食い、自ら磨くという古典的な環境をいまだ残しています。

例えば、毎日キャッチフレーズを書き出す100本ノックや、観察・洞察から視点を磨くタウンウォッチング、課題創造トレーニング、KJ法、ブレーンストーミング、現場体験など、こうした「気づき、感じる訓練」の上に、ルーティンワークでさらに気づきに磨きをかけていきます。同じものを見ても創造性の高い人ほど、普通のことにおそろしく気がつきます。好奇心が強いこともあり、視点があちこちに飛びます。

同じ情報やデータがあっても、その先をイメージするのは直感であり、想像力。創造性の差は、スタートの「気づき」から大きく拡がっていくのです。

プロのアイディアは、
十分な仕込みから
生まれる。

―― 仕事のアイディアは思いつきでは出ない ――

　仕事で求められるアイディアには、当然のことながら目的があります。そして、その目的を達成するためには、クリアしなければいけない要素がいくつもあります。

　ルールもあれば、条件も、習慣も。そして、依頼主の意向や、市場のこと、時代性のこと、生活者のこと、商品のこと、コミュニケーションのことなど、課題解決のためのアイディアは、その要素をふまえて目的を達成できるものでなくてはなりません。

　仕込みなしで、街角でふと思いついたものでは、仕事のアイディアとしては役に立ちません。

　私も先輩が言っていたことを口真似して、若手に語ったものです。

　「全体構想があって、しかも完璧に部分部分ができるのが、プロのプランナーだ。だから、プロのアイディアは、その場その場の思いつきじゃない。ビジネスをする人間に求められるのは、物事の要素ではなく、つねに仕組みでとらえること。全体としての強みを発揮させる仕上がりイメージを考えることで成り立つのだ」と。

　例えば、核となるコンセプトを考えるにしても、一瞬で閃くためには、その前の仕込みがあるはずです。

　情報を仕入れ、それをグルグル攪拌することを、毎日のどこかで繰り返しています。

　その仕込みがあるからこそ、突然閃く。

　閃くまで相当の準備をしているのです。だから、思いつきじゃない。全体と部分でワンセット。プロへの期待はここにあります。

相手のことを考えるだけでは最高の答えにならない。

── 期待を超えた、うれしい裏切りを ──

プランナーの仕事は、依頼主が求めているものを提供するだけではありません。相手が気づかなかったこと、見えなかったものを提案し、驚かせることです。

相手のことを考えるだけでは、最高の答えになりません。

相手をいい意味で裏切ることで感動は生まれ、その連続で、相手との信頼や生活者の支持が得られます。

私は、相手とキャッチボールをする感覚で、企画書を書いたり、プランニングを考えたり、表現したりします。相手をイメージすることで、想いが広がることがたくさんあります。「きっと、あの人はこんなことを期待している」と考え、そこに合わせるだけでなく超えるのです。

「えっ、そこまで考えたの」と嬉しそうに驚くのが快感です。そして、個と個としての信頼も芽生えます。

こうした発想は、ビジネスのすべてに求められています。

顧客の期待をどう超えられるか。高い技術力、高い商品力の上に、さらに加える新しい喜びや楽しみとは何か。そのひとつの傾向として、あらゆる業態がサービス化する流れがあります。

サービス産業は当然のこととして、銀行も医療も学校も役所もIT企業も、まるで産業の大部分が何らかのサービスの提供者であるかのように発想を変えてきています。

高品質の上に、期待を超えたサービスを…と、顧客の驚きを探しています。代わりはいくらでもあります。その中で「好き」と言わせられる嬉しい想定外を提案したいのです。

⓲ 「どう言うか」より 「何を言うか」 が先だ。

――――「約束」のないプランニングはない――――

『ある広告人の告白』（ダヴィッド社）で、D・オグルビー氏が語った、「どう言うか、の前に、何を言うか、が大事だ」という広告人の姿勢が、今やビジネスの常識のようになっています。

広告の本のみならず、一般ビジネス書の中にも、プランニングで欠くことのできない「いろは」として書かれているのです。「まず約束することだ。大きな約束をすることこそ広告の本質だ。How to say ではなく、What to say なのだ」と。

私たちは、つい「どう言うか」と、表現やカタチにすることに走ってしまいます。トレンドを探ったり、旬のタレントや話題の文化人を探したり、華やかなイメージの世界に頼ってみたり。つい、相手のウケ狙いを優先してしまうことがあるのです。心ある先輩は、声を大にして「ウケることに、いやしくなるな。目立ち方にも作法があり、節度がある」と指摘します。チカラのない人ほど、一発芸をしてしまいがちなのです。

プランニングは、まず「何が言いたいのか、何をしてあげられるのか」を、しっかり約束することです。どうアウトプットを創るかではなく、新しいコンセプトを見つけることが先決なのです。世の中を、市場を、生活者を洞察し、どんな情報価値が人を感動させるのか、効果的なプランニングは、「何を言うか」に、どれだけのエネルギーをかけたかで決まります。

プランニングで言えば、戦略の部分です。

戦略のテーマづくりやメッセージという、コンセプチュアルな部分での革新性があってこそ、独創的な戦術（アウトプット）につながります。

「メッセージ性」がない。
それは、
語りかける意志がないこと。

―「新しい発見」を伴う提案がほしい ―

　昔も今も、発想の核として「アイディア」という言葉が使われています。企画アイディア、セールスアイディアとか、プランニングの中心に欠かせない存在です。

　ところが仲間うちから厳しく言われるのが、「この企画、メッセージ性に欠ける」「このアイディアは面白いが、メッセージ性がない」です。

　「メッセージ性がない」とは、そこに新しい思想、着眼、発見を伴う提案がないことです。「本当にこのメッセージで人は動くのか、共感するのか」、そんな強い志が問われています。

　いくら繰り返し発信しても提案がなければ、人々の関心も引かなければ巻き込むこともできません。

　例えば、時代を表すひとつのキーワードとして「環境問題」があります。しかし、ビジネス社会では、これはあくまでもテーマ。ここに自らの主張も志も、もちろん提案性もありません。

　よく聞かれる「環境に優しい○○○」だけでは、企業の主張になっていないし、これは世の中の流れに合わせているだけです。

　まず、この「環境」をテーマに独自のメッセージをどう織り込むか。ここに生き方も含めて独創性が求められます。

・「それだけで世界を変える水」（日本コカ・コーラ「い・ろ・は・す」2009年）は、強い提案性に合わせて商品化に発展させたメッセージ。

・「私たちの製品は、公害と、騒音と、廃棄物を生みだしています。」（VOLVOの広告1991年）は、自ら認めながら、そこからVOLVOの企業活動を提案しています。環境に対して、「私ならこうする」と、企業の強い主張が貫かれています。そこに人々は共感し、コミュニケーションが成立していくのです。

⑮
むずかしいことを
やさしく、
やさしいことをふかく。

━━━ 情報を入れて、飲み込んで、自分の言葉で書く ━━━

　広告コミュニケーション自体、わかりやすさがすべてに優先します。特定の人ではなく、世の中のたくさんの人との対話に持ち込もうとするのですから。

　タイトルの言葉は、井上ひさし氏（作家）のもので、私自身つねに考える時、書く時の第一のハードルにしています。この言葉には先があるので、ご紹介します。

　「むずかしいことをやさしく、

　やさしいことをふかく、

　ふかいことをおもしろく、

　おもしろいことをまじめに、

　まじめなことをゆかいに、

　そしてゆかいなことはあくまでゆかいに」

　やさしく書くのは、理解が深いから書けるのであって、理解が浅いと専門用語ですませてしまいます。

　制作現場2〜3年のころ、パンフレットを右に置いてコピーを書いていたら、先輩からどやしつけられました。

　「右から左へ書き写すようなコピーを書いてどうするんだ。パンフレットを読み、資料や周辺情報を読み、いったん捨てて自分の身体を通し、自分の言葉で書け」

　これはすべての人に通じる話です。

　情報を入れて、飲み込んで、自分なりの意志と判断を持って、自分の肉声で語ったり、書いたりすることが必要です。そのとき、送り手（書き手）に十分な理解と余裕がなければ、やさしくは書けません。

頭で考えすぎるから
楽しくない。
ワクワクしない。

―――― もっと右脳で発信を！ ――――

　世の中に初めて誕生する「発明・発見」は、論理の組み合わせからではなく、グチャグチャ持っていた知識や体験の中から、考えに考えた上で閃くものです。

　「もっと発想を伸ばせ！」「クリエイティブ・ジャンプしてよ」「飛躍がない」と飛んでくる檄は、言い方は違っても、整理はできているが、その先のへそがない、という指摘です。

　ようするに、論理を組み立てた上に、ビッグ・アイディアがあるかどうかです。

　私の性格もあってか、どうしても既存の枠組みを大きく壊す勇気も、思い切りもありませんでした。案の定、「いいけど、響かない」「頭で考えすぎるんだよ」と、指摘されたものです。まだまだデータや情報を積み上げた、「整理」の範囲を超えていなかったのでしょう。

　その先の「どうしたら喜ばれるのか」「どうしたら、もっと共感されるのか」の推論（アート感、イメージ力）が足りません。

　論理だけで組み立てていると、安心できます。しかし、間違いなく同じようなアイディアが同じ土俵の上に集まってきます。だから、同じようなものが生まれ、わずかな差の中で競争し、企業はまた同じ悩みを残してしまいます。

　差別化すること、個性化することとは逆なのですから。

　そのため、頭ひとつ抜け出せずにいた企業をいくつも見てきました。感覚はデータを超えます。ロジックで解決できないことに、もっと右脳を、感性を。

頭の中に置いたままでは、考えていないのと同じ。まず、書き始めよう。

── 「書く」ことが、「考える」こと ──

　頭を抱え込み、悩み続ける人を見ると、私はつい声をかけてしまいます。「書かないと始まらないよ」と。

　考えているけど、アイディアが出ない。それは、本当に出ないのか。実はアイディアって、そこまで来ていて頭から出かかっているのです。そこで生まれないのは、頭の中が整理されていないだけです。

　頭の中に置いたままでは、考えていないのと同じです。

　あいまいな思考は、書くことで具体化するのです。頭の中を出し切ろう。誰だって最初からすごいアイディアなんて生み出せないのだから。つまり、自分に見えるカタチになって初めて、アイディアと言えるのです。

　その意味では、「書くことが、考えること」です。

　①書き散らかして、②整理して、③縮めて磨いて、ピカピカのアイディアにしていきます。例えば、1冊の雑誌（私の大好きな「家庭画報」としましょうか）を最初からめくっていき、テーマと関連づけ、ヒントを次々に書いていく。衣食住から美術、写真、文化人、教育、趣味、暮らし方、海外情報など、360度の情報を使って書きまくります。

　新聞を広げたって、ウェブを開いたって、問題意識があれば、次々に言葉に反応し、考えがカタチになります。

　まず、書き始めることです。いつものことですが、私は壁に白い模造紙を何枚も貼り、気持ちをぶつけるように書きなぐっていきます（114ページ）。思いついたら脈絡なく。

　ちまちました小さな紙だと、どうしても発想を狭めたり、頭の中で整理しようとしたり、意外なほど勢いがなくなります。ただひたすら書く習慣を身につけましょう。書くほどに想いは拡がるものです。

プランナーの仕事は
創造性で「壁」を
乗り越えること。

うまくいかないことを何とかするのが仕事

　すべてのビジネスは、制約や条件、ルールの中で行われます。世の中の状況の悪さも市場の事情も。その上、仕事上の時間や予算、人材など現場の状況も絡んできます。プランニングも同じです。

　そして規模が大きくなるほど、壁は高く厚くなります。

　この壁を乗り越える武器は、創造性しかありません。

　複雑に絡み合っているものやあいまいなもの、異質なものに対応できるように、創造の世界があるのですから。

　論理性にない創造的思考を自らの武器として再認識してください。

　上手に使うことで、もっと企業や社会に喜んでもらえるはずです。

　壁の前で立ち止まっていると、背中を押してくれたのは、やはり先輩の言葉でした。

　「先を良くする方法を探し出すのが私たちの仕事。今をゼロとして、先を良くすることを考えれば、グチは当然なくなってくる。人間、前に向かっていればストレスがない。『これをやりたい』という想いがないと、ただつらいものになる」

　「力のない人ほどグチ。言い訳や理屈をこねて逃げるんじゃない。我々の仕事は、壁を乗り越えること。壁とは課題。壁を乗り越えることを面白がるのがプランナーだ」と。

　今もこれからも「うまくいかないことを何とかするのが仕事」であり、創造性（プランニングやアイディア）は、そのトラブルを乗り越えるためにあるのです。そして、それを楽しむのがプランナーという、課題解決のプロだと思うのです。

⑲ 個性って、 考えてつくる ものじゃない。

最高のものを目指すことで個性は生まれる

　ボスとの雑談では、こんな本質的な話を聞くことが多かった。

　「最高のものを目指さないと、個性なんて出てこないよ。自分の好きなことで勝負して、その結果が個性だ、などとは言えない。最高のものを目指し、ギリギリのところを抜け出したところにオリジナリティがある。ある時、ポコッと頭ひとつ抜け出る。これが個性だ」

　「オシム（元サッカー日本代表監督）のサッカーの真髄は、考えて走ること。考えて考えて、考えた先に閃くのだ。走って全力を出すから勘が働く。内に向かうのではなく、外に出して初めて、自分が出てくる」

　「友人の絵描きが、ラフ案を1か月500点以上は描き続けるという。そのぐらい描きまくった中から、初めて自分らしさが出てくるという」

　次々に出てくる話を聞きながら、自分の現場時代を思い出しました。

　一緒に富士フイルムを担当したデザイナーY氏に、私は強く影響を受けて育ちました。

　「満足したら、そこで終わりだ。もっと良くなるはずだ」と、つねに気持ちの切れない人でした。

　あるとき、Y氏と2人、作業室での泊まり込み作業は朝まで続きました。コンセプトを決めたあと、お互いに、このキャッチフレーズにどんな絵がつくのか、この絵にどんなキャッチフレーズがつくのか、とキャッチボールを繰り返します。朝には100案以上のラフ案が創られ、そこから選んで20案へ。

　そこからは自分では気がつかない、自分らしいひとつのスタイルが見えてきました。夢中で書いているうちに、「人を想い描くとはこういうことか…」と、コツを手にした時でもあります。

「人と違うことを考え、人と違うものを創る」それが自分の求心力となる。

―――「いてもいい人」から「いないと困る人」へ―――

　仕事は個人の評判を聞いてやってくる。顔の見えるところに仕事は集中する。どこにいても個人商店なのだ、と考えましょう。

　そのためにも自分の得意技を創ることです。他との差別化を考え、時間をかけて磨いて求心力にしていくのです。

　あのイチロー氏は、「人と違うことをやるのが、ボクの基本です」「世の中の常識を少しでも変えるっていうのは、人間の生きがいです」と著書『キャッチボール』（ぴあ）で語っています。とてもクリエイティブな生き方です。

　あらためて、自分を磨くステップをイメージすると、

　①自分の棚卸し（振り返る・再確認する）をする、②どんな強みがあるか・どんな好きがあるか、③徹底してほめ続け、探り出す、④それを取り出しキーワードにする、⑤それを核にし、関連の小さな強みも集め、骨太に、⑥さらに自らの価値を磨く、⑦それが私の売り物、です。

　自分の存在価値を磨き続けることで、評価され、尊敬もされます。

　存在感こそ自分ブランドです。企業ブランドと同様に、「いてもいい」から「いないと困る」人になることです。今の複雑なビジネス社会は、読み切れないことだらけ。そこで、ビジネスでは「誰に頼むか」がとても重要になってきます。

　「誰とやるのがベストか」「誰なら新しいウズが起こせるか」

　また、チーム作業のあとでも、「これは誰がやったのか」が見えるものです。「あなたがいないと困る」という存在感を出し続けたいものです。

技はついてくるもの。
自分の
成長以外にない。

── 知らないから「想像」が働かない ──

　創造することは、日常の暮らし方と深いつながりがあります。その人の毎日の生き方と切り離して考えられません。どう考えるか、どう創るかは、今までいかに生きてきたか、そのものです。

　わがまま勝手に生きてきた人が、相手の心を探るなんで突然できるわけがありません。洞察し、気持ちをすくいとる企画なんて無理です。仕事は「その人らしさ」が出て、その人が信頼されるから長続きします。表現のインパクトやカタチだけでは、すぐ次の人にとってかわられます。

　「プロとは代わりがいないこと」

　「プロとは次も仕事がくること」

　と考えると、仕事はその人への信頼があって集まってくるものです。

　現場にいた頃実施した、デザイナー採用時の発想力の課題です。

　「日曜日」という言葉からイメージするものを絵に定着しなさい。

　この課題を金曜日に出し、月曜日に提出。100ページのクロッキーノートに描けるだけ描く発想力の課題です。

　学生にとってパニックとなる週末だと思います。彼らが22年間生きてきた自分の中でしか考えられません。自分の見聞きしたこと、経験、問題意識、発見力、視点、感性…すべての総合力が見えてきます。

　結果、クロッキーノート半分（50案）の人もいれば、3冊（300案）の人も。これほどの個人差が出てきます。

　先日、テレビのドキュメント番組で刷毛職人（67歳）の方が開口一番、「ハートで仕事をするから、今でも技は伸びているし、年とともに人の気持がわかるだけに、まだ伸びる」と。この自信と謙虚さをつねに持っていたいものです。

考えて、考えて、考えて、見えてくるまで、考える。

━━ 考え抜くから、明日が見えてくる ━━

　新人研修を担当するクリエイティブ・ディレクターの悩みは、どうしたら「考えるのが好き」にさせられるかだ。

　「考える姿勢」を理解させ、「考えるのが好き」にさせないかぎり、人と違うものを創る世界では落ちこぼれてしまうからです。ビジネス社会では、何ひとつ同じ課題はありません。人もモノも市場も、これだけ激しく動いているのですから、同じになるはずがありません。その動いている瞬間をとらえながら、さらに先を読んで知恵を出し、人との違いを創っていく…。それを前提の上での、考える体質づくりです。近道はありません。

　京セラの稲盛和夫名誉会長は「考えて、考えて、見えてくるまで考え抜く。そこまで追い込まないといけない。深く考え抜いてこそ、前例のない仕事や創造的な仕事はやりとげられる」と言います。

　間に合わせで創ろうとするとハウツーに頼りたくなります。

　創造するとは、情報を集めて、意外な組み合わせを考え、自分の身体の中で発酵させる時間が必要です。自らの中で熟成させるから、自分の言葉でしゃべれるのです。

　こうした道のりは、一見遠回りに思えても、その結果、自分らしいチカラとして蓄えられていきます。ギリギリまで考える。発酵させ、閃きを待つ苦しさや悩むことを知り、最後まで突き詰めることを身体で覚えます。

　「来た！」「抜けた！」

　考え抜く辛さはあるが、それを超えた時の快感を手にするたびに、自らのスタイルが身につきます。

225

ロングラン
させる力こそ、
才能だ。

「これから先5年、これでいこう」と言わせたい

　トレンドも旬なタレントも魅力があります。プランナーにとって安易に、つい乗りたくなってしまう素材です。依頼主もそのパワーや話題性を喜ぶ。一瞬のパワー狙いには効果的です。

　しかし、「流行るは廃る。すぐ捨てられる」。人々が急になびくことには怖いものがあります。もちろん時代ごとの空気感ってありますから、その時代に合わせて衣装を着替えることも必要です。しかし、最終的に重要なのは、相手が求めている価値観にどう合わせるか。そして、どうブランドにつなげてあげられるかです。企業とのパートナーシップを大切にし、つねに「つながるか」を根っこに置く私にとって、「合わせにいくな、人にウケたがるな、卑しくなるな」とつい言いたくなります。長年、広告の仕事をやってきて、時代の旗振りに急になびく怖さを知っているからです。だから、こうも言います。

　「瞬間受けるよりも、どう持続し続けるかが、得意先にとっての貢献だ。もっともらしく提案しても、資産（ブランドイメージ）として生き続けないと意味はない」

　この姿勢がパートナーを目指すプランナーにとって欠かせません。そのためにも、「これから先5年、これでいこう！」と言わせられるロングランの仕事を目指しましょう。同じ「売ること」がテーマであっても、単にモノだけ見るのではなく、つねに「企業を通してモノを売る」揺るぎない姿勢を持つこと。さらに、その先のブランドにつながる計算のもと、長めに考えていくのです。ビジネスの究極の目的は「持続的発展」。点でなく面で「あらゆる行動が企業ブランドにつながっている」ということです。相手に媚び、時代に媚び、稼ぐに媚びる人では、パートナーには不向きなのです。

「みんなが…」に合わせるから、同じようなものが生まれ競争し、疲れ果てていく。

――――「みんながやっているから」に逃げるな ――――

　浮遊機雷というあだ名の局長がいました。読んで字のごとく、机の周りをゆらゆら動き回りながら、突然爆発します。

　「まだ、こんなことをやっているのか！」「簡単に、『みんながやっているから、みんなが持っているから…』と、『みんなが』に逃げるな。正当化するな」

　若手が言い訳するほどに火がつき、そして去っていきます。

　確かに、人はつい「みんなが…」「ライバルも…」「データが…」と周囲の同意を得ようとします。しかし、プランニングは「そこに創造性があるか」を旨とします。「みんなが」に合わせようとするから、世の中同じようなものが生まれ、競争し、脱落していくのです。

　しかも世の中で流行った頃に動くから、完全に後追い。今、時代は「コモディティ化（汎用化）」だと言われますが、結局、みんなでそんな時代をつくっているのではないでしょうか。

　アイディアが出ないのは、相手が見えていないからです。相手に迫り、相手に寄り添うから問題点が鮮明になり、対応した答えは出てきます。

　そして考える仕事は、先も問われます。今、見えているこの先へ、どう動くか、どこに向かうのか、どうしたら喜ぶのか、新しい方法はないのか。

　先回りして考えることで、人より先にカタチになり、「オリジナル」と言われます。

　私たちの課題解決は、一瞬をうまくやることではありません。企画を通して、①悩みを解決し、②さらにイメージを積み重ね、③企業ブランドにつなげていく、のです。安易に「みんなが」に乗れば、ライバルと一緒の中で、また疲弊感だけが残る結果となります。

1人で悩むことを覚え、突き詰めることを覚える。

悩んで最後まで突き詰める

　N制作局長が、会議で若手に苦言を呈した話を聞く。

「悩む力がなさすぎる！」

「アイディアは思いつきではない。悩んだ人にだけ閃くものだ。コア・アイディアが面白ければ、その先に拡がりがある。それを具体的な形にしていく段階で、また悩みが来る。悩むことができる人間は、それだけレベルが高いということです。しかし、悩めない人がいる。その人は、自分で最後まで形にするというエネルギーに欠けている。つまり、『会議の材料を提供すればいい。周りが何とかしてくれるだろう』と安易に構えている人です」

　私にも覚えがあるのですが、少し気になる若手の傾向に、何案か考えて「どうですか？」と相手に決めてもらう。さらには、すぐに出して相手にイメージを拡げてもらおうとする。

　これをやるかぎり、最後までストーリーを描き続ける発想力は育ちません。先輩が選び、判断するにしても、つねに自分の判断を持ち、意見を持ち、自分で決めるのだという意識を持つことが前提です。そうしないと、プロの意識が芽生えてきません。

　これからは自己責任の時代です。

　仕事はチームでやりながら、しかし個人のものです。1人でやることで悩むことを覚え、突き詰めることを覚える。その辛さと快感を味わうのが20代、30代です。そこで爆発しなければ、爆発するチャンスなんて訪れません。

　「悩む」ということは、一生ついてまわる相棒くらいに考えたほうがいいのです。

「ちゃんと、考えていますか」

　アートディレクターのNさんが、3点のラフ案（試案）を持ってきた。それを見て私は「ちゃんと考えたの？」とひと言。Nさんの顔はサーッと赤くなり、あわてて「もう一度考え直します」と帰っていきました。

　その間、2分弱。私から見ると、彼の力からして「ちゃんと考えたレベルじゃない」し、彼も自分の力からして「ちゃんと考えたレベル」じゃないから、「しまった！」「まずい！」と思ったのでしょう。

　それは持ってくる時から気になっていたはずです。「**何ができて、考えたと言えるのか**」、Nさんなりに身体で憶えているからこそ、すかさず反応したのです。

　クリエイティブの世界でも、ビジネスの世界でも、プランニングする人にとって「ちゃんと考えること」に違いはありません。
①創造性があること（新しい発見や驚きがある）
②新しい解決法になっていること（課題解決のビッグ・アイディアがある）
③イメージがあること（人を喜ばせ、好きにさせ、印象を残す）
④相手にとってのベストであること（相手にせまり、考え抜く、自分との戦い）

　若い人に「ちゃんと考えたの？」と聞けば、アイディアの数であったり汗の量を問われたと思い、けっして①〜④をイメージできません。

　あらためて、本書では、「ちゃんと考える」ための基本姿勢を手渡したかったのです。そのため、プランニングを分解し、角度を変え、しつこく繰り返し、本質を語ってみました

　「創造の原理・原則」は何十年たっても変わりません。その上に、動いている「ヒト・モノ・カネ・コト」を取り込んで、知恵にし、カタチにしていくのです。そして、体験を重ねるほど「ちゃんと考える体質」になっていきます。本書を通して、考えさせ→気づき→心に火をつける。そんな出会いの一冊になることを願っています。

〈参考文献〉

『経営センスの論理』楠木建　新潮社

『戦略がすべて』瀧本哲史　新潮社

『ぼくがジョブズに教えたこと』ノーラン・ブッシュネル、ジーン・ストーン　飛鳥新社

『夢を形にする発想術』イマジニア　ディスカヴァー・トゥエンティワン

『「ものさし」のつくり方』吉川昌孝　日本実業出版社

『21世紀のビジネスにデザイン思考が必要な理由』佐宗邦威　クロスメディア・パブリッシング

『世界のエリートはなぜ「美意識」を鍛えるのか?』山口周　光文社

『デザイン思考が世界を変える』ティム・ブラウン　早川書房

『希望をつくる仕事 ソーシャルデザイン』ソーシャルデザイン会議実行委員会　宣伝会議

『ハイ・コンセプト「新しいこと」を考え出す人の時代』ダニエル・ピンク　三笠書房

『マネジメントを発明した男 ドラッカー』ジャック・ビーティ　ダイヤモンド社

『創造する経営者』ピーター・ドラッカー　ダイヤモンド社

『スティーブ・ジョブズ（Ⅰ・Ⅱ）』ウォルター・アイザックソン　講談社

『図解でわかるブランドマネジメント』(株)博報堂ブランドコンサルティング　日本能率協会マネジメントセンター

『ひとつ上のプレゼン。』眞木準　インプレス

『マーケティング・パラダイム』嶋口充輝　有斐閣

『ディズニーリゾートの経済学』粟田房穂　東洋経済新報社

『スターバックス成功物語』ハワード・シュルツ、ドリー・ジョーンズ・ヤング　日経BP社

『フォルクスワーゲンの広告キャンペーン』西尾忠久　美術出版社

『アイデアのつくり方』ジェームズ・W・ヤング　TBSブリタニカ

『発想職人のポケット』高橋宣行　小学館

『「人真似は、自分の否定だ」』高橋宣行　ディスカヴァー・トゥエンティワン

高橋宣行（たかはし のぶゆき）

1968年博報堂入社。制作コピーライター、制作ディレクター、制作部長を経て、統合計画室、MD計画室へ。制作グループならびにMDU（マーケットデザインユニット）の統括の任にあたる。2000年より関連会社を経て、現在フリープランナー。企業のブランディング、アドバイザー、執筆活動などで活躍。著書に『高橋宣行の発想ノート』『高橋宣行の発想フロー』『高橋宣行の発想筋トレ』（以上、日本実業出版社）、『博報堂スタイル』『今どきの、発想読本「コラボ」で革新』（以上、PHP研究所）、『オリジナルシンキング』『コンセプトメイキング』『「人真似は、自分の否定だ」』（以上、ディスカヴァー・トゥエンティワン）、『発想職人のポケット』（小学館）他がある。

プランニングの基本

2020年 9 月20日　初版発行

著　者　高橋宣行　©N.Takahashi 2020

発行者　杉本淳一

発行所　株式会社 日本実業出版社　東京都新宿区市谷本村町 3−29 〒162-0845
　　　　　　　　　　　　　　　大阪市北区西天満 6−8−1 〒530-0047

　　　　編集部 ☎03-3268-5651
　　　　営業部 ☎03-3268-5161　　振　替　00170-1-25349
　　　　　　　　　　　　　　　　　https://www.njg.co.jp/

印刷／理想社　　製本／若林製本

ISBN 978-4-534-05804-1　Printed in JAPAN

日本実業出版社の本

「ビジネスの基本」シリーズ

安原 智樹＝著
定価 本体1600円（税別）

安原 智樹＝著
定価 本体1600円（税別）

波田 浩之＝著
定価 本体1500円（税別）

手塚 貞治＝編著
定価 本体1600円（税別）

神川 貴実彦＝編著
定価 本体1500円（税別）

鈴木 義幸＝監修
コーチ・エィ＝著
定価 本体1600円（税別）

定価変更の場合はご了承ください。